卑弥呼の正体

虚構の楼閣に立つ「邪馬台」国

比較文献史家（古代北東アジア史）
山形明郷

三五館

まえがき

　ここに論述する事柄は、隣邦中国をはじめとする韓国・北朝鮮の史書古典中の記述に依拠し、今までわが国の史学界で不動的なる存在として語り継がれ、至極当然の定説・定見と見なされ認知されている史説が、果たしてそれにふさわしいものであるか否かを根底から再考察し、論証したものである。憶測をたくましくした興味本意の読み物の類ではない。本論を読まれる方々に、このことを前もってお断りしておきたい。

　ゆえに、歴史に興味があったとしても、過去の権力体制下において、御用学者たちによって打ち立てられ偽造された史観・史説を絶対視し、また信奉してやまない方々には理解し難く、さらに信じ難い存在となるであろう。

　なぜならば、そのような傾向の方々には、本論は極めて奇異に映り、叙述内容を理性的かつ冷静に受けとめて理解していこうとする頭脳の働きが停止し、ややもすると拒絶反応が先行し、いたずらに反発感情を剥き出す結果を生むからである。あるいはかえって危険視される恐れが出てくるかもしれない。

しかし、旧来の史観・史説に、多少なりとも疑問を抱く方々、はたまた、あらゆる可能性を考慮しうる柔軟な頭脳の持ち主ならば、本論の叙述内容はたやすく理解され、かつ議論の俎上に乗せうるはずである。

そうなれば同時に、研究家各人各様の推理を開陳していくというような見解ではなく、すべての史家や研究家が、ともに共通の観点に立ち、古代北東アジア史をより俯瞰的にとらえ直すことになるだろう。

いわゆる周知の『魏志倭人伝《ぎしわじんでん》』、この極めて難解な文献を判読し、かつ理解究明するためには、古代北東アジア史のあるページを、この文献に先駆けてあらためて再考察し、見直しを余儀なくされる課題が控えている。

だが、この課題は、旧来よりかなり歪曲化され、それが定説・常識として定着し、しかもその常識は疑問視すべきでない存在、すなわちタブー視された存在として今日現在に至っている。

こういう歪曲化された史説を鵜呑みにし、それを前提の知識とし、俗称『魏志倭人伝』に取り組むとどうなるか。この伝記が伝えている「倭《わ》・倭国」を日本列島内に持ち込む誤断を犯し、さらに、伝記の叙述内容のすべてが、あたかも古代日本における、ある時期の史的エピソードであったと見なさざるをえなくなるのである。ここに、『魏志倭人伝』は「古代日本伝」であったという型が誕生する結果となった。おかげで「倭」の実像はますます把握困難な状態に陥っている。

そもそも、この「倭」とはいったいどこを指して表現したものであったのか、その実像や実態を解明させるためには、あるいは極論に走る傾向になるが、今日までの歴史観を形成してきた根本知識、これの徹底的な再考察が付されなければならないであろう。

結果、その曲直が正されれば、『倭人伝』に引きずり回された従来の「邪馬台《やまたい》」所在論議も逼塞《ひっそく》し、「倭人伝＝日本古伝」という一種の呪縛めいたものから解放されるはずである。

本論において、全体を通して言わんとする趣旨も、究極的にはここにある。

さらにまた、そのような呪縛観から解放された時点において、旧来、いかに我々が教育の場で、改竄《かいざん》・偽造行為によって打ち建てられた歪曲史観を叩き込まれてきたのかも判明するはずである。

この論文は、そのような誤謬史観・史説の指摘を迫るものであり、かつ、その真実の一端を解明したものである。だが、事の真実が理解され、広く人々に浸透するには、あるいはかなりの歳月を要することになろう。

だがしかし、いかに歳月を要すとも、真実はやがて虚構・謬説史観を打倒し、さながら過去の亡霊を引きずり、暁暗の最中に彷徨《さまよ》えるがごときわが国の文献史学界に、本論が一縷《いちる》の光明を点《とも》すことになり、旧来の史観に訣別を告げる秋《とき》が来るであろう。

こいねがわくは読者諸賢各位方、なにとぞ本論の最後まで通読されんことを。しかれば、本論の言わんとしていることが理解されるはずである。

昭和五十七（一九八二）年より　起草

外史　記

卑弥呼の正体——目次

まえがき

装　幀　鈴木正道（Suzuki Design）

地図・年表製作　前田茂実
装画提供　国立金海博物館
馬冑・高句麗古墳壁画から馬冑と馬甲の存在を知ることができるが、実物は伽耶古墳から出土。（五世紀）

本書の舞台となる地域図（現代）

プロローグ 『魏志倭人伝』理解の方法

最重要となる三つの課題

世界有数の歴史大国である隣邦中国には、その広大無辺の天地を舞台に、渺茫《びょうぼう》四千余載の間、王道を称し覇を唱えて転変興亡した王朝が二十五ある。

そして、これら王朝それぞれの事蹟系譜を輯録《しゅうろく》した文献に『二十五史』というものが存在する。ただし、清朝期二百三十余年にわたる史書は、西暦一九二七年『清史稿《しんしこう》』の段階で出ているが、いまだ正式に『清史』として完成はしていないようである。

そのいずれかはおくとして、『清史稿』四十八冊五百二十九巻を含め、総数二百八十九冊に及ぶ厖大《ぼうだい》な量の史書中、蜀《しょく》の左将軍の掾《じょう》 馬良《ばりょう》の弟・馬謖《ばしょく》の子の陳寿《ちんじゅ》の撰で、魏《ぎ》の文帝の黄初《こうしょ》元年から西晋《せいしん》の武帝の太康《たいこう》元年、すなわち西暦二二〇年から二八〇年の間、「魏《ぎ》・呉《ご》・蜀《しょく》」三国の興亡を記録した文献が『三国志』である。

この史書は、「魏書巻三冊・呉書一冊・蜀書一冊」の計五冊から成り、『魏書』の第三冊の末尾に、「魏書巻三十烏丸鮮卑東夷伝《うがんせんぴとういでん》第三十倭人の条」という二千文字足らずの記録がある。

この条文を、旧来一般にわが国では『魏志倭人伝《ぎしわじんでん》』と称し、わが国の古代史を語るうえで欠かすことのできない重要文献の一つ、すなわち、『倭人伝＝日本古伝』であると決めつけ、一般的にもそのように認識され、また、『広辞苑』中にもこのように記載されるに至っている。

そのような先入観なり固定観念をもって、伝記の語り伝える内容の一字一句を考察し、さまざまな見解が披瀝《ひれき》されているが、それらの実情をうかがうように、大半は牽強附会《けんきょうふかい》的な解釈に過ぎないようだ。

しかも、このような研究がなされるようになり、すでに三世紀近い歳月が費されているが、いまだに納得できる見解は出ていない。この種の研究家の最大の試みの対象は、伝中の倭の女王「卑弥呼《ひみこ》」が、わが国古代豪族、または、それに近い誰に結びつけて語れるか、ということにポイントが置かれているようである。

このような研究論議を通し、史学者をはじめ多くの歴史マニアたちが、それぞれの立場、それぞれの観点から、さまざまな見解を打ち出しているが、誠に残念ながら、納得できうるものもなく、ほとんどが推理小説や憶測をたくましくした読み物の類で終始しているようなところが現状である。

また、彼女の墓などの推測も「箸墓《はしはか》古墳」（奈良県桜井市）がその陵ではなかろうかと見なしているが、なぜに調査もせず、放置しているのであろう。このことはただ疑問としか言いようがない。

本来が優秀であるべきはずの頭脳陣が、長年を経ているにもかかわらず、なぜに一定共通の観点から、一定共通の見解に達せられないまま、今日現在に至るまで「北九州説・畿内大和説」で対立し、意見のぶつけ合いで終始しているのであろうか。疑問といえば、これ以上の疑問はないのではなかろうか……。

注・卑弥呼を日本では「ひ・み・こ」と呼ぶが、中国では「ピ・ミ・フ」と呼び、どう考えても日本列島の住人の名とは思えない。
注・箸墓古墳をはじめ、一般に天皇陵といわれているものの確証は百パーセントない。

古代・中世期から被葬者が誰であるかは判明していないのである。

よって、今ここで、この種の研究に結論の出ない理由は何かについて、いささかの私見を述べてみたいと思う。

そもそも、この種の研究に結論が出ず、依然として『魏志倭人伝』との訣別もできかねている最大の原因は、結論として、次の三項の史実誤認にある。

一、古朝鮮の所在位置についての問題。
一、漢の四郡、及び帯方《たいほう》郡の設置位置。
一、三韓三国の所在位置についての問題。

この三項目にわたる事柄は、古代北東アジア史を語るうえで避けて通れない最重要な問題となる。

ところが旧来一般に語り継がれてきたこれらについての史実解釈は、過去の御用学者と称される人たちにより、当時の国家体制に沿うべく、文献の改竄《かいざん》偽造により、極端に歪曲化された解釈に過ぎない。そのような誤った歴史観が今日に至るまで延々と語り継がれ、また、教育の場で教えられている始末である。とくに「邪馬台」所在について顕著であるといえよう。

どのように改竄偽造されたかは後述するが、研究者がスタート地点において、その偽造史説の類を前提知識にして『魏志倭人伝』に取り組むので、この伝記の叙述内容が、あたかもわが国古代のある時期の史実であったかのような錯覚がたえず生みだされ、その結果、虚構・憶測まがい説の輩出が後を絶たない原因になっているのである。

その原因の拠ってくるところについては、逐次論証していくことになる。

それでは、なぜに前掲三項に関する事柄が、『倭人伝』を語り、北東アジア史を研究するうえで最重要となるのか、そのことから筆を起こしてみよう。

北東アジア史・見直しのススメ

本論で、これから参考とする中国史書古典の中では、とくに『倭伝』のみを取り上げているわけではなく、数多《あまた》の異邦異民族伝を輯録《しゅうろく》している。そして、それらの伝記中には『韓伝』というものがあり、また「倭・倭国」に関する一連の記録も見られる。

その記録によると、「倭」は、「韓」といわれた国家の南界に「接・界接」して存在していたという。このように記載されている以上、では、「韓」という国は、どこに存在していたのかという問題が出てくる。

このことについて、『韓伝』は中国漢帝国が設置した郡界の「南方」に存していたと伝えている。そこで問題となってくるのが、いわゆる漢の時代の四郡、すなわち「楽浪《らくろう》・臨屯《りんとん》・真番《しんばん》・玄菟《げんと》」の郡が、どの方面に進出し、設置されていたのかという疑問である。

この疑問を解明させるためには、少々時代をさかのぼらせ、西漢の第六代武帝時の元封年中・西暦前一〇九〜一〇八年ごろの史実を調べ出す必要性が出てくる。とくに「衛満朝鮮《えいまんちょうせん》」である。

なぜなら、漢の四郡といわれるものは、「漢」が古《いにしえ》の「朝鮮」という国を征服し、この国内にあった四つの国を降格し、新たに郡県として置き換えたものだからである。

ゆえに、前掲三項の事柄のそれぞれの正確な所在把握は、古代北東アジア史を研究していく上で、避けて通れない重要事であるとした所以である。同時に真の意味での歴史解釈の根本知識となってくる。であるがゆえに「古朝鮮・漢の四郡・三韓・三国」に関する所在位置の詮索が、いかに重要となってくるか、ここで多くをいう必要性はないものと思う。

さて、これらの中、とくに「古朝鮮」といわれた古代国家について、わが国史学者の大半は、多分に伝説視するか、または、仮に存在していたとしても、この国家の所在地を、本来存在もしていなかった所に位置づけて歴史を語るという、あってはならない大きな過ちを犯している者が圧倒的に多い。

そのような形で「古朝鮮」の歴史を語る傾向は、かつての国家権力を背景としたいわゆる御用学者と称される人々によってこねくり回され強調された。そしてまた、彼らの信奉者が、その誤った歪曲史観を自ら検証することなく、そのまま継承して語り継ぎ、もって『倭人伝』解釈に取り組むのであるから、『倭人伝』冒頭に記載されている「倭国」行きの概略も理解できず、「韓の南界に接して存在した」という記述を等閑《なおざり》にし、牽強附会的な解釈に明け暮れ、なおかつ、史実全体を極端に歪めて諾《だく》としている。

前掲三項に関する史実の誤断謬説が、史家や研究マニアたちに「倭人伝＝日本古伝」という大きな幻想を抱かしめ、そのような思い込みで「邪馬台」の所在を詮索していくから、これまた、何をか言わんやである。このような研究者の姿勢が、「邪馬台」の謎をさらなる謎とした原因であるといえよう。

『倭人伝』そのものに限らず、歪曲化された歴史解釈・歴史観は、現在の朝鮮半島方面の古代史そのものを歪め、それがこれまた、当たり前の定説・常識となっていて、じつに不思議なことであると言わざるを得ない。

では、かく言う、旧来の定説・歴史解釈や歴史観が捏造された虚構でしかないとするなら、「真の実像史はどのようであったのか」という疑問が出よう。

そこで、本論においては、それらの理非曲直をつぶさに検討し、あるいは暴露し、より正確な歴史像を判明させていくことにする。その正しい歴史像が判明すれば、『倭人伝』や『韓伝』、はたまた、『鮮卑伝《せんぴでん》』中に記載のある「倭・倭国」とは、いったい、どこを指称したものか、このこともおのずと判明するはずである。

その時点において、『倭人伝』研究などと称すことの無意味さも理解されてくるはずである。

しかし、その結論に至るまでには、やや紆余曲折を経るので、『倭人伝』そのものが何であったかという結論らしきものを先に略述しておきたい。なぜそうなるのかは、本論を最後まで通して一読されれば、だれもが共通の観点に立って、古代北東アジア史の見直しを余儀なくせざるをえないと思う。

「倭」を究明する道のり

『魏志倭人伝』、これは古代日本史のあるページを綴ったものではない。それは南方方面や南支沿岸諸島の土着人の習俗、あるいは、現在の遼東《りょうとう》半島南端や韓国方面の在地在住勢力との交流の史的断片を、編者・陳寿が時代を経て風聞し、一編にまとめあげたものに過ぎない。したがって、この風聞録をもって、ある特定の国の史実と見なすには、かなり杜撰《ずさん》極まりないものといえよう。この俗称『魏志倭人伝』にあえて附名をなすならば、それは「半島南方方面土着人風聞録」などが妥当であろう。

いずれにしても、この編纂者である陳寿その人の実地踏査記録ではなく、陳寿とほぼ同年代の魚豢《ぎょかん》が撰した『魏略《ぎりゃく》』が母体となっているといわれていて、しかも、陳寿自身が『魏志倭人伝』を含む「東夷伝《とういでん》」の冒頭において、次のように記している。

「荒域之外、重訳而至。非足跡車軌所及。未有知其国俗殊方者也。自虞曁周、西戎有白環之献、東戎有粛慎之貢、皆曠世而至、其遐遠也如此」

荒域《こういき》の外は、重ね訳して至る。足跡車軌《そくせきしゃき》の及ぶ所にあらず。いまだその国俗殊方《こくぞくしゅほう》を知る者あらざるなり。…略…


編者・陳寿は伝の冒頭において、「伝わってくる情報は、何カ国語にも訳され、かつまた、世を隔て、年月を久しくしてもたらされてきたものである」と、すでに記している。

もっとも、西域方面の事情は、武帝時代にようやくわかったことと述べている。それはおくとして、右記の一文は見逃してはならない。陳寿自身は、魏の庇護のもと、洛陽《らくよう》から一歩も出ていないのである。したがって、その伝は所詮、伝風聞の輯録《しゅうろく》どまりといえよう。

なお、歪曲化され定着してしまった現在の朝鮮半島の古代史像、すなわち「高句麗・百済・新羅」など「三国」の台頭から滅亡に至るまでの興亡盛衰の地についてであるが、これも現在わが国の史学者たちが一般的な常識・定説として語り継いでいるような、そうした存在ではない。

「新羅」の国については第五章で後述するとして、いわゆる「高句麗・百済」は、ともに「濊《わい》貊《はく》族」出自であり、北上した「濊族」が「扶余《ふよ》」となり、そこから分離南下した種族がのちの

「高句麗」となり、また、「百済」となって分離する。これらはともに中国吉林省《きつりんしょう》の大長白山《だいちょうはくさん》区《く》に勃興し、「高句麗」は、卒本《そっぽん》地方を拠点として発展し、四世紀までには「玄菟・楽浪」の地を併合、さらに「遼東・遼西」方面を睥睨《へいげい》し、遼河《りょうが》平原から西に戈《ほこ》を向ける構えをしていた。

また、「高句麗」から分離した一派・後の百残《ひゃくざん》、すなわち「百済」は「遼西・河北《かほく》北部」に進出したが、北の「鮮卑」の南下と「高句麗」の西漸《せいぜん》、及び「曹魏《そうぎ》」の台頭により、海路を経て遼東半島に徙遷《しせん》することになる。

注・百残については、「百人（または百の家族）が残って始まった」との説もあり。『梁書《りょうしょ》巻五十四』の記録によると、梁の武帝の天監《てんかん》元（五〇二）年には東遷したことになっているが、『魏書』の記すところをみると、「百済」は五世紀中葉、北魏の皇帝にすでに魏領となった「（百済からみた）西方界域」の返還を要求する「上奏文」を出しているのである。このことから考えると、四世紀中葉にはすでに東遷していたため、故地返還の要請に出たと思われる。

なお、「新羅」の国であるが、この国の発祥の地がまったく定かではない。言えることは、高句麗や百済とともに北方発祥であったことに間違いはないようである。しかし定説とされているところの、現在の韓国慶尚道《けいしょうどう》方面発祥説はまったくの眉唾物である。すなわち改竄説である。

なぜなら、この国・新羅も古《いにしえ》の「楽浪郡域」の地に勃興したと記載するものがあるからである。楽浪については第三章でふれるが、この郡は今日の朝鮮半島に設置されたのではなく、遼河以東・吉林省一帯にかけて置かれたものであるから、新羅の勃興の地もおのずと限られてくる。だが、高句麗・百済に存立の場を追われ、今日の北朝鮮方面に南下して行き、最初の半島統合者になったことは間違いないようである。この国については、別な説も存在する。

すなわち、『北史』の記述するところでは、「魏将《ぎしょう》・毌丘倹高麗《かんきゅうけんこうらい》を討ってこれを破る。沃沮《よくそ》に奔《はし》るも、その後《のち》、故国《ここく》に復帰するに、留まりたる者、斯羅《せら》となり、また、新羅《しんら》ともいう」とある。


注・『北史』は、七世紀に成立した文献なので、「新羅」という名称を使用している。五世紀以前の中国側文献には、「新羅」という名称は現れてきていない。


魏の正始年中、西暦二四〇年代、高句麗第十一代東川王《とうせんおう》は、魏将・毌丘倹の猛攻に敗衂《はいじく》し、現・黒龍江省寧安《ねいあん》県東京城《とんきんじょう》方面へ遁逃《とんとう》したが、時を経て帰国してみると、残留者たちは国名を変え、「斯羅」や「新羅」を名乗っていたという。

その真偽はおくとして、この記述から勘案されることは、やはり現韓国発祥説は疑問となる。慶尚道・全羅道《ぜんらどう》方面は「伽耶《かや》連邦」の領域であり、入り込む余地はないはずである。

さて、「古朝鮮・漢の四郡・三韓・三国」の所在を、今現在の日本の史学界で説かれている定説で語り出すと、肝心な「倭」の全体像がぼやけてしまう。また、三国興亡の舞台をも矮小化せざるをえなくなる。そうした弊害を克服するために、前記三項の史実確認の再考察を重視することにした。

これら三項にわたる事柄の正確な所在が判明してくれれば、「倭人伝は古代日本伝にあらず」といったことも理解され、古代北東アジア史そのものも見直しが余儀なくされるはずである。

事の順序として、「古代朝鮮」の所在から筆を起こそう。

第一章 「古朝鮮」探しで〝常識〟を外す——史料に慣れる

かつて「古代朝鮮」、あるいは「古朝鮮」といわれた古代国家について、神話伝説の類はおくとし、比較文献史学上、中国の史書・古典の中から確認できるものに二つある。

その一つは、西暦前一〇〇〇年初頭、殷《いん》・周《しゅう》政権交代の動乱期、殷帝最後の王・取辛王紂《しゅしんおうちゅう》の叔父《しゅくふ》で箕子《きし》（実名は子胥余《ししょよ》）が興《おこ》したとされる「箕子朝鮮」。

また、その一つは西暦前一九五年、西漢台頭の初期、沛公劉邦《はいこうりゅうほう》の后《きさき》・呂后《ろこう》の差し金で始まった〝功臣除戮《こうしんじょりく》〟の難を避け、朝鮮に亡命した衛満《えいまん》が、箕子の後裔箕準《きじゅん》を裏切り、漢民族を根幹として興した「衛氏《えいし》朝鮮」。以上二つの「朝鮮」の存在が認められる。

なお、『高麗史《こうらいし》』では、神話伝説上の朝鮮を含め「三朝鮮」と称している。すなわち、檀君《だんくん》王倹《おうけん》という神人が興したといわれる朝鮮を称し「前朝鮮」とし、箕子が興したと伝えられる朝鮮を「後朝鮮」と称し、これらを「古朝鮮」と呼び、「衛氏朝鮮」はその範疇から外しているが、これらを含めて「三朝鮮」といっているようである。

注・檀君王倹に始まる朝鮮建国は、比較文献史学の対象外である。比較対照される文献が存在しないがゆえである。あくまで神話の域を出るものではないであろう。わが国の神話の天孫降臨・皇孫降臨と同様にみるべきである。

だが、その呼称のいずれかはおくとして、これらの「朝鮮」といわれた古代国家は、いったいどこに存在したのであろうか。以下、その所在を詮索してみよう。

古朝鮮所在についての旧来の定説

「朝鮮」の所在地考察に入る前に、旧来の定説・定見では何と語っているか、その概略を左に付してみる。

旧来の定説「西暦前一一一二五年ないしは一一二五年ごろ、殷末の賢人箕子《きし》は、紂王《ちゅうおう》の暴状を諫《いさ》めて用いられず、殷の民五千人を率い遼東《りょうとう》の地に遁《のが》れ、やがて鴨緑江《おうりょくこう》を踰《こ》えて今の朝鮮半島に入り、平安道の清川江《せいせんこう》・大同江《だいどうこう》流域一帯の地により朝鮮国を興した。

その後、西暦前二世紀ごろに至り、漢族亡命者で衛満という者が箕子の興した国を奪い、平壌に都を定めて『衛氏朝鮮』を称した」

以上のような附会が、今日まで語られている「朝鮮」に関しての定説である。「朝鮮」という古代国家を、朝鮮という名称あるゆえをもって今日の朝鮮半島北西部に位置づけ、歴史を語るという大きな誤りを犯してしまっている。

このような見解は、わが国の史学界だけではなく、中国をはじめ韓国史学界においても、何の疑念も抱かずに語られ、定説として通用している。

ちなみに、今日の朝鮮半島に「朝鮮」という国号が現れるのは、明《みん》の洪武《こうぶ》二十五年、西暦一三〇〇年代に入ってからの話である。

『明史《めいし》巻三本紀第三太祖《たいそ》三』の記述中に、次のような一文が記載されている。

「高麗李成桂幽其主瑤而自立。以国人表来請命。詔聴之、更其国号曰朝鮮」

高麗《こうらい》の李成桂《りせいけい》、その主《しゅ》・瑤《よう》を幽《ゆう》して自ら立つ。国人《こくじん》、表《ひょう》を以て来たり命《めい》を請《こ》う。詔《みことのり》してこれを聴き、その国号を更《あらた》めて朝鮮という。

高麗王室の財政破綻と内紛、それに伴う脆弱《ぜいじゃく》性を衝き、将軍・李成桂が高麗の恭譲王・瑤を幽閉し、その国を簒奪《さんだつ》し自ら王を僭称《せんしょう》。その経緯を明の皇帝・朱元璋《しゅげんしょう》に上奏した。朱元璋はその上奏を諾とし、ここに詔を下し、古《いにしえ》に「朝鮮」という国があったゆえ、その国号を興せというとことで、ここに初めて対外的呼称としての「朝鮮」が誕生する。以後、これを一般的に「朝鮮・朝鮮人」と呼ぶことになる。

注・一八九四年の東学党《とうがくとう》の乱以降、国号を朝鮮から韓に改称す。以後、朝鮮人といわず韓国人と称す。

十四世紀の後半に勃興した朝鮮と、古代の朝鮮を混同して語ると、北東アジア史解釈上大きな誤断が生じる。すなわち「朝鮮」の名称があるからといって、古の朝鮮をも現在の半島内の存在と見なしてしまうと、種々様々な弊害が生じる。しかも、その弊害がいわゆる『倭人伝』の解釈上にも影響を与え、現在の朝鮮半島の古代史像を奇妙に歪曲する結果となり、これが「虚構史観」発生の端緒となる。

では、「古代朝鮮」についての旧説が誤りとするならば、「その真の正確な所在地はどこか?」という疑問が出よう。そこで以下、この「古朝鮮」の所在地考察に入るが、その正確な所在が判明してくれれば、プロローグで掲げた三項についての旧来の歴史解釈が、いかに杜撰《ずさん》なものであったかが判明し、かつ、『倭人伝』が語る「倭」についての正しい全体的な把握にもつながっていくはずである。

三つの河が合流し、一筋の流れに――古朝鮮のヒント①

『史記《しき》巻百十五朝鮮列伝第五十五』に劉宋《りゅうそう》（南朝の宋・西暦四二五年）の時代、裴駰《はいいん》が撰した「史記三注本」の一つの『史記集解《しきしっかい》』中に、次のような記述が見られる。

「朝鮮有湿水・洌水・汕水、三水合為洌水」
朝鮮に湿水《しっすい》・洌水《れっすい》・汕水《せんすい》あり、三水合《さんすいがっ》して洌水となる。

この一文を意訳すると、「朝鮮という国には、湿水・洌水・汕水と呼ぶ三つの河川があり、この三水が合流して一筋の流れ、すなわち、『洌水』となっている」と解釈できる。

この『史記集解』が記す三つの川とは、今日のどこの何という河川に推定することができるであろうか。これを調べ出すことによって、「古朝鮮」の所在地も判明してくるはずである。

いうところの三つの河川の中、「洌水」については『後漢書郡国志《ごかんじょぐんこくし》』に、次のような注釈があるので、その推定はたやすくできるようである。

「列、水名、列水在遼東」
列《れつ》は水の名、列水《れっすい》は遼東《りょうとう》にあり。

また、『資治通鑑《しじつがん》』の「漢紀」中にも、次のような記述が見られる。

「列口、県名也。列水河口、在遼東」
列口《れっこう》、県の名なり。列水《れっすい》の河口は遼東《りょうとう》にあり。

前掲、二書の記述から、三つの河川の中の「列水」については、その所在が判明したことになる。すなわち、「洌水」とは遼東（遼寧《りょうねい》省東部方面）に存在したことになろう。なお、「洌」と「列」は同音異字で、往々にして混用されている。

さて、残る二水、すなわち「湿水・汕水」については、文献史上見当たらないが、「列水」に合流しているという点から判断すれば、やはり同じく遼東方面に存在した河川とみることが許されるのではなかろうか。

『史記集解』『後漢書郡国志』『資治通鑑』などの記すところから、これらの河川が遼東方面に存在したとすれば、「朝鮮」といわれた古代国家も、やはり同じく遼東方面の存在であったことになり、旧来、一般的に定説・通説となっている説そのものに疑問が出はしないか。そのあやふやさをさらに衝くべく、いうところの「列水」が、今日の遼東内の何という河川に該当するかを考察してみよう。

『漢書地理志』で河の名前を探る——古朝鮮のヒント②

古代のある時期に「列水」と称された河川が、今日の中国遼寧省東部方面における存在だったことが判明したわけであるが、さらに具体的に考察して遼寧内の何という河に推比定できるのであろうか。

現在の河川との推定ができれば、「朝鮮」そのものの所在も、より具体的に位置づけることが可能になるはずである。判明した時点において、旧来の定説、すなわち「古朝鮮＝現北朝鮮」説は成立不可能となるはずであり虚偽となる。

『史記集解』の記すところからうかがえる「三水」の条件の一つは、ともに、ある地点で合流し、やがて一筋の流れになっているということである。そうであるなら、もう一つの条件がわかればその推定は極めて容易となるはずである。すなわち、三水中の「洌水」が、どこから、どの方向に流れていたかということである。これについては、『漢書地理志《かんじょちりし》』の中に、次のような記載が見られるので、その推定も容易となる。

「分黎山、列水所出、西至黏蝉入海。行八百二十里」

分黎山《ぶんりざん》は列水《れっすい》の出づる所、西、黏蝉《ねんてい》に至りて海に入る。行くに八百二十里。

注・粘蝉県は現在の遼賓《りょうひん》県の古名。黏は粘の本字。

この記述から考えると、「洌水＝列水」は東から西に流れ、黏蝉という県を経て海に注ぎ込んでいたことになる。しかも、その流程はかなり長く八百二十里もあったという。

さて、『史記集解』と『漢書』の記すところによって現遼寧省東部方面を調べてみると、これらの条件を見事に備えた河川が存在している。すなわち、源を遼寧東部の平頂山《へいちょうざん》に発し、本溪《ほんけい》市と遼陽《りょうよう》市の北郊を経、流れの西陲《せいすい》の一角・黄泥窪《こうでいわ》(現在は廃県)で方向を南西に変え、一路蛇行しながら遼東湾に注ぎ込んでいる「太子河《たいしがわ》」である。

しかも、より重要なことは、この「太子河」は『史記集解』が記しているように、ある地点で二つの大河と合流し、そしてまた一筋の流れになっている、すなわち「三水合して洌水となる」と。合流している河川とは、現在の「遼河《りょうが》」と「渾河《こんが》」である。

これら二つの大河は、今日では遼寧省三岔河《さんふんが》にて同時に合流しているが、古地図によると

「遼河」は小房身近辺、また、「渾河」は小北河と黄泥窪の中間地点において合流しているが、共通していることは、それぞれに同一地点で合流し、再び一筋の流れになっているということである。

「遼河」と「渾河」が「太子河」に合流して一筋の流れとなり、遼賓県（昔の前石橋、古代は黏蝉県）で方向を西に変え、営口《えいこう》市北郊を経て一気に遼東湾に注ぎ込んでいる。すなわち、『漢書地理志』に記されているように「西、海に入る」となるわけである。

さて、『史記集解』『漢書地理志』の記述から「洌水＝列水」に推定すべき河を、今日の遼寧東部方面に求める限り、それは「太子河」以外に存在しないことになる。

なお、残る「湿水《しっすい》・汕水《せんすい》」については、具体的な記録が見当たらないが、「太子河」に合流しているという事実から勘案し、あるいは、「遼河」と「渾河」の下流域などに付されていた「亦名《またな》」ではなかったかと思われる。だが、ここでは「列水」そのものがわかれば事足りるわけであるから、あえて「湿水・汕水」の詮索は省くとする。

「洌水＝列水」が「太子河」と判明すれば、いうところの「古朝鮮」の所在地もおのずと判明してくるはずである。古朝鮮は、遼河以東・太子河一帯地区にかけて存在していた古代国家だったといえよう。

中国の時代別「一里」を算出してみる

ところで、残る問題はその流程である。八百二十里あったということであるが、これはもちろん、支那里《しなり》（かつてわが国では、中国の里数表示をこのように称した）をいうものと思う。この里数を今日のキロメートル数に計算した場合、「太子河」の全流程に当てはまるか否かが問題になる。

この「支那里（支里）」については、旧来、各種の算出法がなされてきたと聞くが、本論においては煩わしさを避け、およそ三通りの計算法で対処していく。ついては、前頁の図は「遼河・渾河の古道図」を元に示してあるので、その図を参照して合流状況を判断していただきたい。

注・中国里は、わが国のほぼ十分の一程度とみて差し支えない。すなわち八百二十里は八十二里で三百二十八キロメートルとなる。

さて、その流程の算出法であるが、その一つは秦末西漢《しんまつせいかん》代の基準、その二は東漢《とうかん》から魏晋《ぎしん》時代、その三は唐以降から清朝期末及び民国時代の測定法にしたがって計算していく。

この三通りのうち、秦末西漢代から三国鼎立《ていりつ》期ごろにおける里数については、上海標準計量管理局の調査結果に依拠してみる。これによって当時の発掘銅貨に基づき計算すると、「二十三センチが現在の一尺に当たり、これが三世紀代に入ると二センチ延長され、二十五センチが一尺になった」という。

ちなみに、この調査結果を、阿房宮《あぼうきゅう》遺址《いし》や河南洛陽《かなんらくよう》の金村韓墓《きんそんかんぼ》出土の銅尺、及び長沙寿県《ちょうさじゅけん》出土の銅尺などの数値と対比させてみると、西漢時代末期ごろまでにおける尺数値は、ほぼ同じであることがわかる。すなわち、二十三センチから二十三・一センチが一尺となされている。

また、別な算出法も存在する。すなわち『続十八史略《ぞくじゅうはっしりゃく》』中に左のような計算法が載っている。

「歩弓、度地論。二尺為一肘、四肘為一弓、三百弓為一里」
歩弓《ほきゅう》は地を度《はか》る論なり。二尺《しゃく》を一肘《ひじ》となし、四肘を一弓《きゅう》となし、三百弓を一里となす。

この「歩弓」のいうところでは、「二尺とは一肘の長さ、その四倍したものを一弓といい、三百弓をもって一里となした」と。「一肘」の長さは個人によって若干の差は出るだろうと思うが、おおよそ平均して二十五・五から二十六センチくらいになろう。

しかして、この数字を四倍した数が「一弓」となされたという。大雑把にみて百二センチから百八センチが「一弓」となり、この数値の三百倍した数値が「一里」となされたという。大雑把にみて、三百六メートルから三百二十四メートルが「一支里」となる。

なお、唐代以降は〇・四キロメートルが「一里」とされ、また、清朝期末から中華民国十八年ごろには〇・一キロメートル加算され、〇・五キロメートルが「一里」となる。このキロメートル数は、今日に至っても変わってはいない。

あるいはまた、別に「満州里」というのがあり、これによると、〇・四五キロメートルをもって「一里」となされている。

さて、これらの「歩弓」による里数計算を一応おくとして、唐代以前の里数算出法はどのようになされていたのかというと、ある学者の説に、五尺を「一歩」となし、これらの三百倍をもって「三百歩」、これが当時の「一里」の基準となされたという。

この計算法で臨むと、西漢以前の「一里」は〇・三四五キロメートル、また、東漢・西晋の時代には〇・三七五キロメートルくらいが「一里」であったことになる。先の「歩弓」の数値結果と比べると、わずか三十三センチから五十一センチほどの差でしかない。

場所を特定する――古朝鮮のヒント③

では、これらの数値をもって、先の「列水」の流程の「八百二十里」を計算してみると、『漢書』成立が東漢の章帝の建初年中・西暦八五年ごろであるから、里数基準は東漢末・三国鼎立前後の基準で判断すべきが妥当と思う。そうすると、いわゆる「列水」の全流程「八百二十里」は、だいたい三百七・五キロメートルくらいとなる。

ところで、「列水」に推定した「太子河」の流程は、果たしてどれくらいあるであろうか。試みに『中国地名詞典』で調べてみると、全流程四百六十四キロメートルあることがわかる。今日の精密な器機による実測値と比較すると、百五十六キロメートルほどの差違が出る。

しかし、今日よりおよそ千三百年もの昔、測定法に期待できずとすれば、看過することも許されるのではなかろうか。あるいはまた、古時の流れと今日のそれとでは、かなり異なっているのでは、ということを考慮に入れるべきではないか。

だが、この差違も時代を降って清朝期から中華民国十九年代の基準で計算してみると、〇・五キロメートルが一里であるから、「八百二十里」というのは「四百十数キロメートル」となり、その差は極めて僅少となる。

いずれにせよ、『史記集解』『漢書』などの記す条件と相まって判断すれば、古代のある時期「列水」と称された河川を、現在の遼寧省東部方面の「太子河」と推定して間違いはない。

「太子河」が古の「列水」ということがわかれば、その河口といわれる「列口」とは、現在の遼寧省内を流れる「遼河・渾河・太子河」三大河口そのものを指称したことになり、また、県名としての「列口県」とは、遼寧省「営口市」かあるいは「営口県」の古名ということにもなる。

また、「列水」の源といわれる「分黎山《ぶんりざん》」とは、『清史稿地理志《しんしこうちりし》』の中に「平頂山は太子河北源の出づる所なり」と記されている。それは遼寧最東部に存在する「平頂山」、そのものが古の「分黎山」だったことになる。

なお、「太子河」という河川には、その上源とする所が二カ所存在する。すなわち、「北太子河」と「南太子河」である。「北太子河」の上源は前記した「平頂山＝分黎山」であり、また、「南太子河」の上源は、平頂山の南に存在する「老禿頂子山《ろうとくちょうしざん》」になる。

しかし、一般に「太子河」と記載されかつ称される場合、それは「北太子河」を指すようなので、その上源はやはり「平頂山」と判断することが妥当かと思う。すなわち、古の「分黎山」である。

さて、かつて「朝鮮」と称された古代国家領域内に存在したと伝えられる三つの河川の中の「列水」が、現在の「太子河」であったということになれば、「朝鮮」もこれまた、この河川流域に存在する遼寧東部方面であったことになる。

以上の点から考慮し、旧来一般に語られている「古朝鮮＝現北朝鮮」説は、かなり当てずっぽうの暴論となり、いわんや、「列水」を現北朝鮮の「大同江《だいどうこう》」に、「列口」を「南浦《なんぽ》」に比して語ることは全面的に不可能である。

古朝鮮とは、どこであったか①——中国の諸史書は語る

かつて「古朝鮮」と称された国家に関する旧来の定説が、誤断謬説以外の何ものでもないとする根拠と理由を、今度は別の角度から調べてみる。

中国側の史書の諸記述から比較検討し、検証してみよう。

『旧唐書《くとうじょ》巻六十一列伝第十一温彦博伝《おんげんはくでん》』の記述中に、次のような一文が見られる。

「遼東之地、周為箕子之国。漢家之玄菟郡耳」
遼東《りょうとう》の地は、周《しゅう》が箕子《きし》の国となす。漢家《かんけ》は、これ玄菟郡《げんとぐん》のみ。

漢王朝が直接的に支配したのは、どうも玄菟郡だけであったようである（71頁参照）。

同じく『旧唐書巻六十三列伝第十三裴矩伝《はいくでん》』中の唐の太子詹事《せんじ》・裴矩が次のように載せている。

「高麗之地、周代以之封箕子。漢時分為三郡、晋氏亦統遼東、今乃不臣、列為外域」
高麗《こうらい》の地は、周代《しゅうだい》これを以て箕子《きし》を封《ほう》ず。漢時《かんじ》、分かちて三郡《さんぐん》となす。晋氏《しんし》、また、遼東《りょうとう》を統《す》ぶるも、今はすなわち臣《しん》とせず、列《れっ》して外域《がいいき》となす。

注・周の武王が箕子を封じた所は最初から遼東の地ではなく、河北省昌黎《しょうれい》県、すなわち灤河《らんが》流域下流である。遼東に移ったのは秦の台頭以後のことである。

さらに、『旧唐書巻五十三列伝第三李密伝《りみつでん》』の中にも、次のような記述が見られる。

「遼水之東、朝鮮之地。禹貢以為荒服、周王棄而不臣」

遼水《りょうすい》の東は、朝鮮の地なり。禹貢《うこう》は以て荒服《こうふく》となし、周王《しゅうおう》は棄《す》てて臣《しん》とせず。

注・禹貢とは尚書《しょうしょ》の篇名。夏王朝の始祖の時代、中国各地の地理・物産を記したもの。

注・荒服とは、王畿《おうき》外五百里ごとに定めた区画の五服（甸《でん》服・侯服・綏《すい》服・要服・荒服）の一つ。荒服は国土の辺境をいう。

次、『遼史《りょうし》巻三十八志第八地理二』中を見ると「朝鮮」について左のように記している。

「東京遼陽府、本朝鮮之地。周武釈箕子之囚、去之朝鮮。因以封之。…中略…
燕属真番・朝鮮、始置吏築障。秦属遼東之外徼。漢初、燕人瞞王故空地。武帝元封三年、定朝鮮為真番・臨屯・楽浪・玄菟四郡」

東京遼陽府《とんきんりょうようふ》、もと朝鮮の地なり。周武《しゅうぶ》は箕子《きし》の囚《しゅう》を釈《と》く、去って朝鮮にゆく。因《よ》って以てこれを封《ほう》ず。…中略…
燕《えん》は真番《しんばん》・朝鮮を属し、始めて吏《り》を置き障《しょう》を築くなり。秦《しん》は遼東《りょうとう》の外徼《がいきょう》に属せり。漢初《かんしょ》、燕人《えんじん》・瞞王《まんおう》の故空地《こくうち》たり。武帝《ぶてい》の元封《げんぽう》三年、朝鮮を定め、真番《しんばん》・臨屯《りんとん》・楽浪《らくろう》・玄菟《げんと》四郡《よんぐん》となす。

注・「遼東の外徼に属せり……」とは、遼東辺牆《へんしょう》の外側の地をいう。

また、『元史《げんし》巻五十九志第十一地理志』中の「遼陽等処行中書省《りょうようとうしょぎょうちゅうしょしょう》」の項を見ると、この省の統轄七路中に「開元路咸平府《かいげんろかんぺいふ》」というものが置かれており、次のように記録されている。

「咸平府、古朝鮮地。箕子所封、漢属楽浪郡。後高麗侵有其地。唐滅高麗、置安東都護以統之。継渤海大氏所拠」

咸平府《かんぺいふ》、古《いにしえ》の朝鮮の地なり。箕子《きし》を封《ほう》ずる所、漢《かん》は楽浪郡《らくろうぐん》に属す。後《のち》、高麗《こうらい》は侵《おか》してその地を有《ゆう》す。唐《とう》は高麗《こうらい》を滅《ほろぼ》し安東都護《あんとんとご》を置き、以てこれを統《す》ぶ。継《つ》いで渤海《ぼっかい》の大氏《おおし》の拠《よ》るところとなる。

先の「東京遼陽府」については言うまでもなく、これは「遼陽」とその北岸にある「東京城」を完葺《かんしゅう》させたものをいう。また、「開元路咸平府」の「開元」とは、清河北岸の「老城鎮」すなわち昔の「開原城」の謂《いい》である。

注・遼陽について。今の遼陽は遼の時代に附名されたもの。故《こ》遼陽については二つの説あり。その一つは現在の太子河北岸の小北河鎮近辺。また、その一つは遼陽の西北、渾河《こんが》中流北岸に存在した黒溝台《こっこうだい》（現在は廃県）。

なお、「咸平府」の「咸平」とは、漢代の遼東郡轄下の「平郭《へいかく》」を改称したもので、これはのちに高句麗が「建安城」とした所である。

『後漢書光武帝紀《ごかんじょこうぶていき》』中、「朝鮮」について次のような注が付されている。


「楽浪、郡、故朝鮮国也。在遼東」

　楽浪は郡、もとの朝鮮国なり。遼東《りょうとう》にあり。

『十八史略巻二漢光武帝紀三十七』では、

「朝鮮、音潮仙、国在遼東」

　朝鮮、音《おん》は潮仙《ちょうせん》、国は遼東にあり。


　以上、幾種類かの文献記述を照合したが、その共通点を列記すると左のようになる。

「遼水の東・遼東の地・高句麗・渤海国の拠った所、及び遼陽《りょうよう》・開原《かいげん》・鉄嶺《てつれい》などの一帯地区が古の朝鮮国」

　すなわち現在の中国東北地方の遼寧東部、それ以東の地に「朝鮮」といわれた古代国家は存在していたということになる。

注・『高麗史』にいう西京留守官平壌府は、もと三朝鮮の旧都なり。西京留守官平壌府とは渤海国の西京鴨緑府をいう。この府の所在に二つの説あり。一つは臨江県、他は集安市。二つのうち、集安県説がもっとも有力である。なぜならば、西京留守官平壌府を現在の臨江とするなら、その西に蓋馬大山《げまたいさん》は存在しないからである。

ここで比較照合した文献資料の記述は、厖大《ぼうだい》な量の中国史書古典中の僅少なものに過ぎない。そのわずかな記録の突き合わせによっても、かつて「古朝鮮」といわれた国家が、どこに存在したのか見当がつくはずだが、いまだそれを指摘論証した学者は一人もいない。依然として、過去の権威によって改竄された説が、今日に至るまで継承され語られていることは、まったくもって驚き以外の何ものでもない。その虚構ぶりをさらに衝くべく、今少しく中国史書中の記述を検討してみよう。

古朝鮮とは、どこであったか②——『魏略』の記述を探る

『魏略朝鮮伝《ぎりゃくちょうせんでん》』の中に次のような記述がある。

「昔箕子之後朝鮮侯、見周衰、燕自尊為王、欲東略地。朝鮮侯亦自称為王、欲興兵逆撃燕以尊

周室。其大夫礼諫之、乃止。使礼西説燕、以止之不攻。後子孫稍驕虐。燕乃遣将秦開、攻其西方。取地二千余里。至満潘汗為界。朝鮮遂弱」

昔、箕子《きし》の後《のち》の朝鮮侯《ちょうせんこう》、周《しゅう》の衰《おとろ》えたるを見、燕《えん》は自ら尊《たっと》んで王となり、東、地を略《りゃく》さんと欲す。朝鮮侯もまた、自ら称《しょう》して王となり、兵を興《おこ》し逆《さか》しまに燕を撃ち、以て周室《しゅうしつ》を尊ばんと欲す。その大夫礼《たいふれい》、これを諫《いさ》める。すなわち止《とど》まりたり。礼を使わし西の燕に説かしむ、以てこれを止《とど》めて攻めざるなり。

後《のち》、子孫やや驕虐《きょうぎゃく》なり。燕はすなわち将・秦開《しんかい》を遣《つか》わし、その西方を攻む。地を取ること二千余里、満潘汗《まはかん》に至りて界となす。朝鮮ついに弱まる。

注・満潘汗の地について。中国歴史地図では、この地を現在の北朝鮮の清川江《せいせんこう》に位置づけているが、これは間違い。この満潘汗の地とは、今日の遼河《りょうが》下流域で蓋県《がいけん》及び遼河右岸の地をいう。この地を燕に譲って遼河左岸に朝鮮は移動する。

　この記述中でもっとも重要な箇所は、「その西方を攻め、地を取ること二千余里」である。この記述をもって、旧来の定説、すなわち「朝鮮＝現北朝鮮」所在説に臨んでみると、じつに奇妙な結果が出てくる。定説では「古朝鮮」の都は「王険城《おうけんじょう》」と称し、そこは、現北朝鮮の首府平壌《ピョンヤン》とされている。この所を中心とした朝鮮半島北西部一帯が古朝鮮の所在地だったと語られている。

この前提で『魏略』中の記述を解釈するから、じつに奇妙な結果となるのである。どのように奇妙になるかというと、この位置づけではその西方には略取すべき「二千里」にも及ぶ広大な領域は存在しないのである。

仮に、魚豢《ぎょかん》の撰した『魏略』の記述が、多分にもれず尚古《しょうこ》的・大国主義的観点から、「白髪《はくはつ》三千丈《さんぜんじょう》」の類的に誇張されて記されたと見なし、その十分の一くらいの二百里であったとしてみよう。そのうえで、この里数を三世紀前後の里数基準で計算してみると、二百里は七十五キロメートルになり、また、唐代以降民国時代の中国里で計算してみると、〇・四から〇・五キロメートルが一里となるゆえ、八十キロメートルから百キロメートルに及ぶ距離となる。

以上の三通りの数値をもって定説の所在位置で臨んでみるが、どのような角度から計ってみても、平壌近辺を中心とするその西方には、攻取すべき領域は百キロメートル・八十キロメートルはおろか、七十五キロメートルすら存在しないのである。いわんや、二千里すなわち七百五十キロメートルにも及ぶ厖大《ぼうだい》な里数においてをやである。これを強いて求めるならば、黄海《こうかい》を越えはるか彼方の河北《かほく》省滄州《そうしゅう》市に達する距離となる。ゆえに、旧来の定説・定見を是として臨むなら『魏略』の記述内容が奇妙となり、かつ、誕謾《たんまん》的存在となってしまう。

しかし、先に考察したように、「古朝鮮」といわれた国家が、現在の中国東北地方の一角に

朝鮮半島になかった古朝鮮

存在したという事実で臨めば、『魏略』の記述にはいささかの奇妙さも生ぜず、矛盾も出てこないのである。燕と朝鮮との抗争の史実は戦国期の前燕時、すなわち西暦前三〇〇年早々の事変を記録したものである。

この抗争の史実を按ずるに、東方の雄「朝鮮」の勢力が、遼河流域を踰《こ》え、さらに進んで遼西方面から河北北部の「燕」の領域周辺に西《せい》漸《ぜん》していたと判断しよう。

だが、ややあって「燕」に名君・昭王《しょうおう》が現れるや、王は将の秦開《しんかい》を派遣し、西漸勢力を駆逐し、さらに追って、遼河・渾河流域一帯までを攻略したとすれば、「燕」の国都「薊《けい》」（今日の「満城《まんじょう》」）周辺までは、優に二千余里、すなわち七百五十キロメートルを超える距離は存在したはずである。

注・童書業《どうしょぎょう》教授の論文「春秋左伝研究」中において、「春秋戦国時代の燕の国都『薊』を今日の北京市付近とする説は極めて疑問であり、正しくは、河北西部の『満城』ないしは易水流域の『易県《えきけん》』とみることが妥当である」と。また、一説にいう。「燕城の古跡『薊丘』は、今、河北易県にあり」と。

以上のように勘案してみると、「その西方を攻め、地を取ること二千余里」という記述はかなり正確であったことが立証されてくる。このゆえに、「朝鮮ついに弱まる」と記録され、また、「燕は真番・朝鮮を属し、始めて吏を置き障を築く」とも記されたものといえる。「古朝鮮」が遼寧省東部から吉林《きつりん》省の方面に存在した国家であったとみれば、前記した『魏略』の一文が理解されるとともに、旧来の定説がいかにでたらめであったかが判明してくる。

さらにまた、『魏略』中においては、より決定的な記録を留めている。

「燕人衛満亡命、為胡服、東度浿水、詣準降」

燕人《えんじん》、衛満《えいまん》亡命す、胡服《こふく》を為《まね》し、東、浿水《ばいすい》を度《わた》り、準《じゅん》に詣《いた》って降《くだ》る。

この記述の経緯は、本章の冒頭で若干ふれたが、西漢代初期の〝功臣除戮《こうしんじょりく》〟の難を遁《のが》れた衛満は、胡服を着用し、東方を目指し朝鮮の地へと亡命する。

問題は、衛満が渡ったという東の「浿水《ばいすい》」である。この「浿水」とは、後年、高句麗時代に入って「高句麗三浿水」の一つとされたところの「平山府の塩難水《えなすい》」をいう。この河は卒本地《そっぽん》方をほぼ二分して流れ、鴨緑江《おうりょくこう》に合流している現在の「渾江《こんこう》」の亦名《またな》の一つである。

衛満が、「渾江」を渡って朝鮮王に拝謁しているということは、「古朝鮮＝箕子朝鮮」といわれた古代国家が、どこに存在していたか明確となろう。すなわち、現在の集安《しゅうあん》市地区である。

古朝鮮とは、どこであったか③——漢の武帝の匈奴対策

次に、『漢書巻九十五朝鮮伝』の記述を検討してみよう。

「天子募罪人撃朝鮮。其秋、遣楼船将軍楊僕従斉浮渤海。兵五万。左将軍荀彘出遼東」

天子《てんし》、罪人を募《つの》りて朝鮮を撃つ。その秋、楼船《ろうせん》将軍楊僕《ようぼく》を遣わし、斉《せい》より渤海に浮かばしむ。兵は五万なり。左将軍荀彘《じゅんてい》は遼東を出づ。

この記録は、先の燕将秦開《しんかい》の朝鮮出兵の九十一年後、西漢の武帝の元封年中、すなわち西暦前一〇九年から一〇八年における朝鮮征討を伝えたものである。

この当時、朝鮮国は「箕子一族」の手を離れ、中国本土の漢帝国から亡命してきた「衛満」を王とし、漢に不満を持つ者たちを根幹とする漢族国家に変貌していた。その名称も朝鮮を踏襲して「衛氏朝鮮」となり、すでに三代の世に入っていた。

ここで重視すべき箇所は、「楼船将軍楊僕を遣わし、斉より渤海に浮かばしむ……」であろう。この部分もまた、『魏略』の記述と同様、定説を是として解釈すると奇妙な結果となる。すなわち、朝鮮を伐つべき軍事行動ならば、右軍として水軍を率いた楊僕将軍は、山東省掖県《えきけん》から渤海などに進出すべきでなく、渤海海峡を経由し、長山《ちょうざん》群島から王家島《おうけとう》を通過、さらに南下して現在の北朝鮮の「南浦《なんぽ》」へ至り、次いで「大同江《だいどうこう》」をさかのぼるべきであろう。

なぜなら、定説では「朝鮮」という古代国家は、現北朝鮮の北西部方面の大同江流域一帯であると語り、その国都「王険城」が、現在の北朝鮮の首府「ピョンヤン」であると位置づけているからである。で、あるがゆえに奇妙となる。

だが、楊僕将軍の進出経路こそ、本論で考察してきた「朝鮮」所在の推測を、見事に立証しているものにほかならない。なぜならば、「衛満朝鮮」といわれた古代国家が、中国東北地方の一角に存在していたからこそ、水軍を渤海に向けたのである。

この事実から勘案しても、『漢書』の記録の正確さが立証されよう。なお、伝中の末尾に、魏の安成亭侯《あんせいていこう》・蘇林《そりん》が、左のような注釈を付している。

「列口、県名也。度海先得之」

　列口《れっこう》は県名なり。海を度《わた》りて先にこれを得たり。


「列口」と「列口県」については既述したごとく、「列口」は現在の「大遼河口」、すなわち「遼河・渾河・太子河」の三大河口をいう。また、県名としての「列口」は、現遼寧省営口市、もしくは営口県と比定したわけである。

古名・古称の一字一音を復して継承する。これが歴史を重んずる中国人の偉いところである。古いものは片っ端から壊し、また、改称してしまうどこかの国民性とはかなりの違いがある。

　さて、右記、蘇林の注を解釈すると、「武帝時の朝鮮征討に当たり、海路水軍を率いた楊僕将軍が橋頭堡《きょうとうほ》として最初に占領した所が『列口県』であった」ということを伝えているわけである。この一事を按じても「朝鮮」という国がどこに存在したかの推測はつくはずである。

　次に『後漢書《ごかんじょ》巻三十七班超列伝第三十七』の中から、唐の李賢《りけん》が付した注釈を検討してみよう。


「武帝時立五属国、起朔方、伐朝鮮、起玄菟・楽浪、以断匈奴之左臂」

武帝時、五属国を立て、朔方《さくほう》を起こし、朝鮮を伐《う》ち玄菟《げんと》・楽浪《らくろう》を起こし、以て匈奴《きょうど》の左臂《さひ》を断つ。

注・朔方は今日の山西《さんせい》省朔県。

もっとも重要な部分は「朝鮮を伐ち、玄菟・楽浪を起こし、以て匈奴の左臂を断つ」のところである。西暦前二世紀の西漢代、猖獗《しょうけつ》を極めたという匈奴族の勢力分布は、東は遼河流域一帯から、西は新疆ウイグル族自治区にまで及んでいたと伝えられる。

武帝年中、すなわち元封九年から八年、西暦前一〇九年から一〇八年にかけて朝鮮を征し、玄菟・楽浪などの郡を進出させ、その地を漢の直轄下に置いたが、この軍事行動の結果として、広汎にわたった匈奴族の左臂、つまりその東界を遮断するに至ったということである。

この事実をもって、旧来の定説まがいによって勘案してみると、先に同じくじつに奇妙な話になる。前二世紀から西暦二世紀初頭ごろの匈奴の東界は、遼河流域一帯である。

この割拠情勢を定説にしたがって判断していくと、どう考えても広汎にわたっていた匈奴の東界を制し得たことにはなりえないのである。すなわち、今日の朝鮮半島の北西部など押さえてみても、まったくもって無意味なこととしか思えない。

しかし、既述してきたように、「古朝鮮＝衛満朝鮮」が、鴨緑江《おうりょくこう》以北・吉林《きつりん》省及び遼寧《りょうねい》東部方面に存在した古代国家であったとみるならば、武帝時代の朝鮮征服と郡県の進出は、まさに匈奴族の東の領域を遮断するにふさわしい結果になりえたはずである。

「定説」が虚構から生まれてはいけない

さて、これまでに幾種類かの中国史書中の記述を照合し、「古朝鮮」すなわち、「箕子《きし》朝鮮」と「衛氏《えいし》朝鮮」の所在地について考察したが、旧来より語られている定説を是とすべき記述はまったく見当たらなかった。したがって、わが国史学界で定説と容認され、かつ語られているところの説は、これすべて虚構と言わざるをえなくなる。

「古朝鮮」の地としてとらえられる範囲を49頁に図示してあるが、再度、参照されたい。読者にもなじみのある誤図に基づいて古代北東アジア史を語り出したことにより、その全体像が奇妙にずれ出し始め、結果的には「倭国」そのものの所在も、まことに突飛なところに位置づけざるをえぬこととなった。

なお、「古朝鮮」について、戦前二人の史家が疑問を投じている。ただし、やや突っ込みが不充分な嫌いはあるが、参考までに要約を付す。

最初に、旧東京文理科大学文学博士の中山久四郎《きゅうしろう》先生は、その著『東洋史と時代の人々』

（国民精神研究会編）の序文で次のように述べている。

「殷《いん》の末年、紂王《ちゅうおう》の暴状を諫《いさ》め、王の勘気にふれ、捕囚の身となった箕子は、周《しゅう》の武王《ぶおう》が殷を滅ぼすに及び解放され、周室に随身を薦められたが、己が滅ぼした周室の粟《ぞく》を喰らうを恥、殷の遺民五千人を率い、遼東の地に到り、そこに朝鮮を建てた。

思うに箕子が都したという地は、錦州《きんしゅう》から遼陽辺りまでであり、箕子が現在の鴨緑江を渡って、今日の朝鮮半島の地に入ったとは思えない」

次に、異色の史家といわれた白柳《しらやなぎ》秀湖《しゅうこ》先生も、『民族日本歴史』の中で同様のことを述べられている。要約する。

「朝鮮開国の伝統としては、多分、創作と思われるが、檀君《だんくん》王倹《おうけん》の降臨に始まるらしい。また、殷末の賢人箕子が、紂王の滅亡後、周武の誘いを受けたが、周室の粟を喰らうを潔しとせず、殷の華冑《かちゅう》と五千の民を率い遼東の地に遁《のが》れ、そこに朝鮮国を建てたという説話が古くから知られており、しかして、このころに朝鮮と称された所は、今の朝鮮半島ではなく、南満洲の奉天《ほうてん》・撫順《ぶじゅん》あたりを引っくるめて言ったものである」

注・檀君は南檀の転訛《てんか》。南檀とはインダナすなわちインドラ天の漢訳であり、原典はヴェーダである。よって極めて古い伝承となる。インドラ天は武神であり、すでにヴェーダでは前期に神聖化されているので、それ以前の史実の断片かと思われる。この神はまたの名を帝釈天《たいしゃくてん》といい、また牛頭天《ごずてん》であり、古代日本に入ってきている。

二人の学者の語るところ、これすべて本論で考察してきた結果と同断といえよう。なお、中山博士は、次のようにも言及されている。

「今、平壌方面に『箕子の墓』といわれるものが存在し、箕子の冠と剣が埋められていると伝えられているが、これの発見されたのは、箕子より二千年後の高麗の時代といわれ、はなはだおぼつかない話で、その確証の程も定かではない」

高句麗という新たなチカラ

「古朝鮮」の所在について、いささかの考察を付してきた次第だが、この古代国家滅亡後、新たな国家が台頭してくる。それがいうところの「高句麗＝高夷」である。

なお、高句麗建国の紀年を、『三国史記』の記すところによって、一般に西暦前三七年とされているが、この紀年推定は何によったものか疑問である。なぜなら、中国側の史書にはかなり古くから記されており、また、『奉天通志《ほうてんつうし》』中にも、「東北の夷、高句麗、これ周初すでに高句麗の名あり云々」と記されている。

さらに、中国歴史地図を見ると、春秋戦国期には「高夷」と表記されており、秦代にはすでに「高句麗」の名があり、西漢代には郡県に組み込まれ「高句麗県」として記されている。

これらのことを考えるとき、後世、『三国遺事』編纂の段階で、「高句麗本紀」の紀年を意図的に弄《いじ》った可能性ありと思われる。したがって、著者は「高句麗」の紀年については、春秋戦国時代ないしは周初には成立していたものと判断したい。

しかし、この国が、歴史上に大きな位置を占め、中国側の文献中に名をあげるようになったのは、二世紀末ごろからと見たい。当初、高句麗は「卒本川《そっぽんせん》」・現在の渾江《こんこう》流域一帯により、その支流北岸に「卒本（そっぽん・そぼふる）城」を築き、一大軍事国家として台頭してくる。

中国の文献の中では、その城塞を「兀刺山城《ふらさんじょう》・紇升骨城《そぼふるじょう》・五女山城《ごじょさんじょう》」と名を異にして現れてくるが、名称の違いこそあれ、これらはすべて山城を称したものである。

高句麗は西暦一九七年、第九代故国川王《ここくせんおう》の没後、王位継承問題で紛争が起こり、兄の発岐《はっき》と弟の延憂《えんゆう》が激突、ここで一度滅亡に瀕すが、弟・延憂の興《おこ》した「新国」が強盛となり、発岐の勢力を併合し、あらためてここに第二の「高句麗」として現れてくる。

しかし、西暦三〇〇年末、第十六代故国原王《ここくげんおう》の時代に入り、宿敵「百済」の第十三代近肖古王《きんしょうこおう》の攻略に遇《あ》い、「丸都山城《がんとさんじょう》」以北の長白山区深く逼塞《ひっそく》を余儀なくされ、大同江《だいどうこう》流域一帯地区は百済の占領下に入る。

だが、高句麗は、第十九代広開土王《こうかいどおう》から勢力を盛り返し、次の第二十代長寿王璉《れん》の代に至り百済の勢力を駆逐し、さらに、「王険城《おうけんじょう》」を奪還、名を「長安城《ちょうあんじょう》」または「平壌城《へいじょうじょう》」と改名し、西暦四二七年にここに遷都する。この「平壌城」が高句麗最後の国都となる。

故国原王の時代までは、現北朝鮮の大同江周辺までが高句麗領であったが、長寿王の時代に入り、「丸都山城」を中心とした北満方面となり、長寿王以後は遼寧省東部及び吉林《きつりん》省一帯が高句麗の領域となり、次いで遼西方面へ侵攻の矛先を向けていた。

累代中国古王朝・唐帝国まで、軍事的脅威となって発展した高句麗は、その台頭から滅亡に至るまでの割拠情勢が時代の推移によって一進一退はする。しかし、三国興亡と中国古王朝との対決の舞台は、現在の鴨緑江（古名、馬訾水《ましすい》・浿水《ばいすい》・沛水《はいすい》）以北の地であり、今日に語られているような存在ではない。しかるに、旧来の定説・常識は完全な非常識ということになる。

旧来より今日に至るまで、現北朝鮮の大同江流域周辺から、高句麗時代の遺構遺品と称される発掘発見物が出ているが、それらが四世紀以前の物ならいざ知らず、四世紀から五世紀以後の物となれば、それは極めて疑問だらけとなる。もちろん、高句麗と百済は元来が同根であれば、その判定は難しいが、著者は多分に百済の文化財であったと判定したい。

高句麗は第十六代故国原王の時、百済の近肖古王に攻略され、大同江周辺一帯が奪われてしまい、百済の北界は「浿水」をもって境界とされ、以後、北朝鮮の地は百済領となる。

ここに言う「浿水」とは、かつての「高句麗三浿水」の一つ、現在の「鴨緑江」である。

この「涓水」といわれるものは、固有名詞ではなく、普通名詞であり、高句麗の領域内の河川はすべて「涓水」と称した。

注・大同江。四世紀以前、高句麗が南下していた時は「三涓水」の一つ。四世紀後半の百済時代は、「白村江《はくそんこう》」。なお、高句麗の河川はすべて「涓水」と称したことから判断すると、あるいは現在の「太子河」をも「涓水」と称したことになり、百済が北界とした「涓水」とは「太子河」以南から現北朝鮮の金剛山脈以西の平安南北道まで押さえていた可能性がある。もちろん、鴨緑江以南の地域もである。

左に、四世紀後半から五世紀末ごろにおける、東北諸民族国家の割拠勢力図を添えた。この図のようにとらえなければ、中国側の史書や古典中の諸記述と、すべてが合わなくなってくる。この点をご承知いただきたい。

ところで、百済台頭発展の所在については第七章で述べるが、高句麗が現在の北朝鮮の地一帯に拠っていたとする説は改竄説に過ぎない。

『好太王碑探訪記』（寺田隆信・井上秀雄編）中において、東北大学教授の中村完《たもつ》先生が興味深いことを語っている。

「同じ高句麗文化でも、風土的な影響で変わっていくので、簡単に高句麗と一括してしまうのは、どうかという反省をさせられました！」

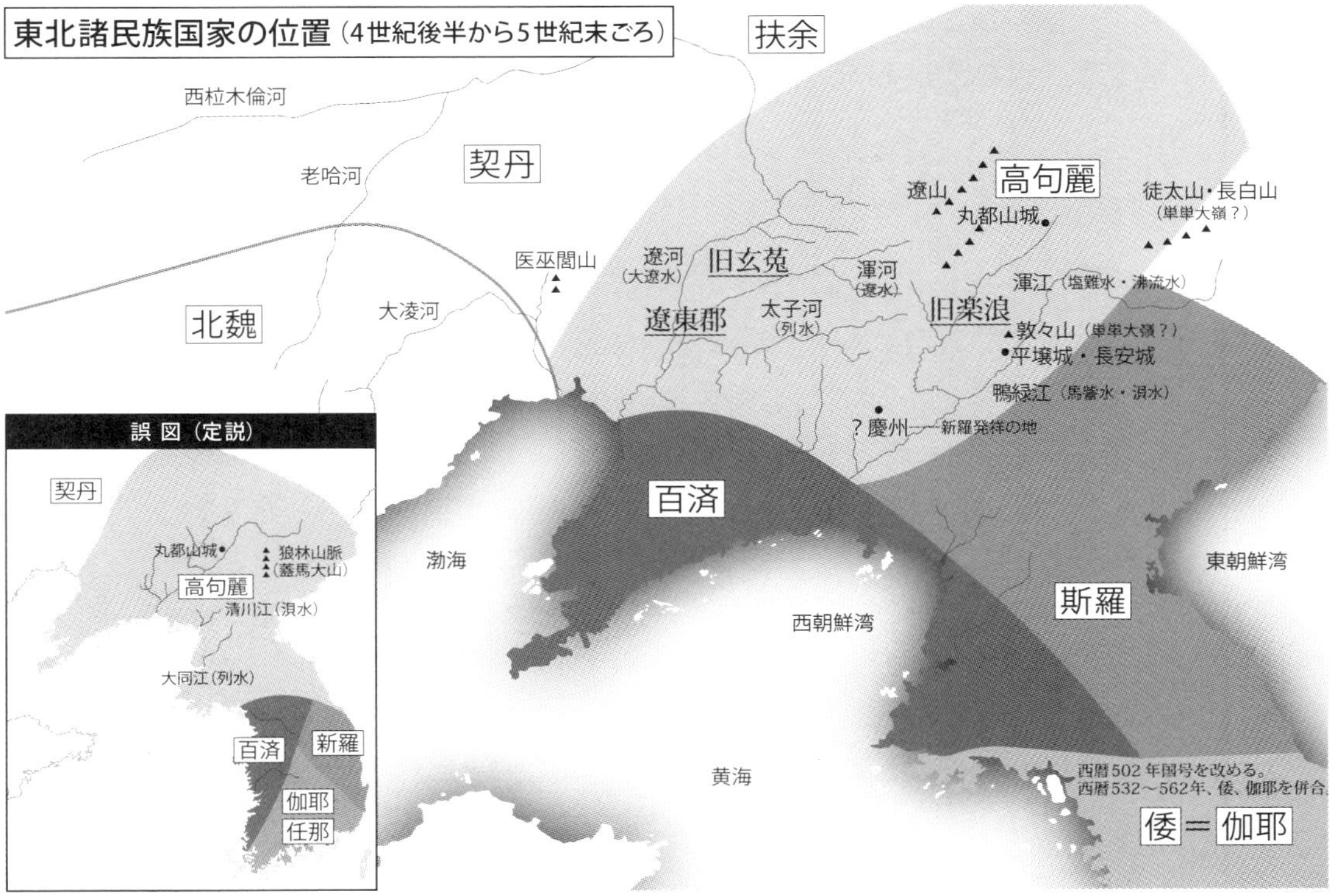
東北諸民族国家の位置（4世紀後半から5世紀末ごろ）
扶余
西拉木倫河
契丹
老哈河
北魏
大凌河
医巫閭山
遼河
（大遼水）
旧玄菟
遼東郡
太子河
（列水）
渾河
（遼水）
遼山
高句麗
丸都山城
徒太山・長白山
（単単大嶺？）
渾江（塩難水・沸流水）
旧楽浪
敦々山（単単大嶺？）
平壌城・長安城
鴨緑江（馬訾水・浿水）
？慶州——新羅発祥の地
百済
渤海
西朝鮮湾
東朝鮮湾
斯羅
黄海
西暦502年国号を改める。
西暦532～562年、倭、伽耶を併合。
倭＝伽耶
誤図（定説）
契丹
丸都山城
狼林山脈
（蓋馬大山）
高句麗
清川江（浿水）
大同江（列水）
百済
新羅
伽耶
任那

この発言の中、最初の一文言を除けば中村教授の言は、まさに穿《うが》ち得たる問題提起であり、著者はもって正解と申し上げたい。今後ともに、高句麗文化と百済文化の類似性と相違点が明証されることを切望する次第である。この二つの国家民族は、ともに「濊族《わい》」の出自である。一説に「貊族《みゃく》」というが定かではない。

注・濊族の北上したものが扶余《ふよ》となり、そこから分離したものが高句麗となる。不耐濊城に残った濊族も西漢の元封年中に北方の扶余に合流し、以後、大扶余として漢族を苦しめる勢力となっていく。

「貊族」は「濊族」と連ねて記されているところから勘案し、同族と見なしていいのではないか。なお、「濊」は「エ」と発音する。

なお、高句麗が現北朝鮮の「平壌《ピョンヤン》」を国都として存在していたのではなかったことについては、第四章で、「丸都山城《がんとさんじょう》・平壌城《へいじょうじょう》」の所在推測とともに述べよう。

「朝鮮」も中原に鹿を逐う

章末にあたり、記しておくべきことがある。古朝鮮の一つ「箕子《きし》朝鮮」について、旧来、わが国の史学者たちは、そのほとんどが神話伝説か、あるいは後世の偽作説と見なす傾向があり、まともな史学対象とする学者はあまりいないようである。ならばあえてここに少しく、その真実の実態の一片にふれておきたい。

先に朝鮮開国の伝承については記したが、あらためて言うなら、前一一二五年ないしは一一一五年ごろ、殷・周政権交代の動乱期、殷代の后稷《こうしょく》（農業を司る役職）階級がにわかに台頭し、また、殷の隷属国家の「姜族・羌族」が「濊《わい》族」に組したため、殷は滅亡へと追い込まれた。しかして漢族が「周朝・周室」となって現れてくることになる。

注・姜族・羌族。音はキョウ。黄河《こうが》上源の青海省近辺に居住せし蕃族の名。

殷の最後の王・取辛王紂《しゅくしんおうちゅう》の叔父《しゅくふ》で子胥餘《ししょよ》（実名）、一般に「箕子」といわれる人物が、紂王の暴状を諫《いさ》めたため、王の逆鱗にふれ捕囚の身となっていた。しかし、殷が滅亡し、周が台頭するに及び、周の武王発《はつ》は箕子の賢哲さを聞き及び、彼を捕囚から解放し、周室に随身することを薦めた。

だが、箕子は己が宗室を亡ぼした周の粟《ぞく》を喰らうを潔しとせず、殷帝残余の華冑《かちゅう》（貴族階級）と遺民を従え、古《いにしえ》の「孤竹国《こちくこく》」、現在の河北《かほく》省灤河《らんが》下域の昌黎《しょうれい》県周辺に拠って国を興す。これが、いわゆる「箕子朝鮮」の始まりである。

注・朝鮮という国は二度東遷している。すなわち燕と韓の台頭するに及び医巫閭《いふろ》山方面に移り、秦の統一とともに、その境界を遼河と定め、遼東の地へと移る。

注・孤竹国は殷の属邦。王姓は「子」。賢人、伯夷《はくい》・叔斉《しゅくせい》の父君の国。

箕子の建国より二百五十年後、すなわち西暦紀元前七〇〇年代末に至り、「朝鮮国」は、諸部族連合国家として発展し、また、周室の命運ようやく傾きかかったころ、捲土重来《けんどちょうらい》を期し、河北一帯から山東《さんとう》・山西《さんせい》省方面を席捲し始めた。朝鮮からの侵攻の余波を受けた周室は、やがて東遷のやむなき状態へと追い込まれる。一般には、「山戎《さんじゅう》・犬戎《けんじゅう》・東胡《とうこ》・濊貊《わいはく》」の侵攻が原因といわれているが、この種族たちが「朝鮮」を構成したのである。

その後、周は内紛交々《こもごも》を含め衰運の一途をたどることになる。さらに王権の脆弱性に乗じた諸侯たちは、それぞれに王・覇を唱え分裂し、中国四百余州に烽火兵燹《ほうかへいせん》が燻《くすぶ》り出し、世はほぼ五百年になんなんとする「春秋戦国《しゅんじゅうせんごく》」の大動乱期に突入し、人民大衆は堵《と》に安ずるを得ず、流離零丁塗炭《りゅうりれいていとたん》の苦楚《くそ》を嘗《な》めさせられる羽目となった。

注・この戦乱の時期は前後二期に分けてみることができる。すなわち前期は周の平王の四十九年から敬王の三十九年の二百四十二年間、これを春秋時代という。後期は周の敬王の四十年から秦の始皇帝の即位までの二百三十五年。このうち周の威烈王の二十三年以降から百五十八年をとくに戦国時代という。西暦でいうと前七七〇年から四〇五年、この間を春秋時代といい、西暦前四〇三年から秦の始皇帝即位の前二二一年の間を戦国時代という。

この周室東遷後に始まる大動乱の起因を、わが国の史家たちは、塞外辺境《さいがいへんきょう》の蛮夷《ばんい》たちの侵攻にありと語っているが、これはまったくの誤解でしかなく、責任転嫁の謬説に過ぎない。

そもそも周が東遷を余儀なくされたのは、周の封建制度の欠陥、及び、王権をめぐる内紛の拡大が直接の原因であり、加えて、東北方から殷の後身とも見なせる「朝鮮」が台頭したことにある。結果的には春秋五覇・戦国七雄へと四分五裂してしまい、中国全土にわたり陣鼓の絶え間なき血なまぐさい時代に突入した。一般的に語られるように、蛮族のみの侵攻が起因ではなかったといえよう。

また、「朝鮮」を構成した民種、すなわち「東胡・山戎・濊貊」を含む東北方の文化を、中原文化に比して低位置に見下して語る傾向が、わが国の史学界にはかなり多いが、それは中国を事大視した偏見史観であり、誤断錯覚以外の何ものでもないといえよう。

西暦前十二世紀初頭、「箕子朝鮮」建国から滅亡に至るまでの八百余年の間と、「衛氏朝鮮」滅亡に至る前一〇八年までを加え、およそ八百八十五年の間、塞外東北には、中国古王朝に軍事的に拮抗《きっこう》し得た国家勢力が存在したとみねばなるまい。

「箕子朝鮮」と称される国号を持った、古代北東アジア史上かなり古い部類に属す国が滅亡した後、中原に鹿を得た漢民族の国家にとっての脅威は、東北には「高句麗・大扶余・濊貊」あり、はたまた、「鮮卑《せんぴ》・烏丸《うがん》・匈奴《きょうど》」が、新たな勢力となり勃興してきたことである。

「衛氏朝鮮」は省くとし「箕子朝鮮」を構成した民族たちの歴史を、つぶさに検討すれば、彼らもかつては中原に君臨していた存在であり、漢族たちとの存立競争に後れをとり、漸次、東北方へ徙遷《しせん》したに過ぎず、彼らの執拗なまでの河北侵攻も、民族としての意地を賭けた旧郷奪還のための報復戦とみて良さそうである。

さて、中国史書中の記録から、「古朝鮮」とはどこに存在していたかを考察してきたが、この古代国家の所在を明確に把握しておかないと、古代北東アジア史全体を歪める結果となる。なぜなら、漢帝国が古朝鮮を滅ぼして楽浪郡を置くのであるが、この楽浪郡を基準にして「倭」の存在が解き明かされるわけだからである。

この古朝鮮の所在誤認は、結果的において、「倭」の実像をもつかみ損ね、『倭人伝』の叙述内容が、あたかもわが国古代史のあるページを語ったものと錯覚させ、各人各様の解釈見解で対立する原因となった。で、あるがゆえに、『倭人伝』は無論のこと、古代北東アジア史を語るうえで、古朝鮮所在地確認を、最初に留意せねばならぬ重要課題とした所以である。

第二章　漢の武帝の狙い――「漢の四郡」と「古朝鮮」

「倭《わ》」とはどこを指称したのか。この問題を考察するうえで、極めて重要となる項目の一つが、「漢帝国《かんていこく》の植民市《しょくみんし》」である。すなわち西漢の第六代武帝が、「朝鮮」といわれた古代国家を征服し、その地を直轄地とするために、国から降格して四分し「郡県」とした。これがいわゆる「漢の四郡《よんぐん》」といわれたものである。

その四郡とは、「楽浪《らくろう》・臨屯《りんとん》・真番《しんばん》・玄菟《げんと》」と称される各郡をいう。この四郡中、本論構成上もっとも重要な存在となってくるのが、「楽浪郡」の所在地の把握である。

武帝の時代に置かれた「楽浪郡」とは、いったいどこに設置されていたのか。この正確な所在が把握されぬ限り、「倭」といわれたところの総体的な把握もできず、あいまいな解釈で終始してしまう。

前章で「古朝鮮」の所在地について考察し、その正確と思われる位置を61頁に図示しておいたので、読者の中にはすでにこれらの郡が、どの方面に置かれていたのか賢察された方もいることと思われるが、さらに具体的に四郡それぞれの所在を考察しておく必要がある。

そこで、以下に本章と次章で、これらの四郡の所在について、それぞれが、どの方面に置かれていたかを明確にしていこう。

玄菟・臨屯・真番の三郡はどこにあったか

最初「**玄菟郡**」から考察してみよう。中国南開大学編纂の通史『中国古代史』の中では、この「玄菟郡」について次のように記載している。

「漢武帝時在高句麗置県、属玄菟郡・在今遼寧新賓西。公元百三十六年・永和元年、扶余王利用東漢政府的虚弱、到玄菟郡。郡治在今瀋陽市東」

漢の武帝時、高句麗《こうくり》あり、県を置き玄菟郡《げんとぐん》に属す。今の遼寧新賓《りょうねいしんぴん》の西にあり。公元《こうげん》百三十六年・永和《えいわ》元年、扶余《ふよ》王、東漢《とうかん》政府の虚弱《きょじゃく》さを利用し、玄菟郡に至る。郡治《ぐんじ》は今の瀋陽《しんよう》市の東にあり。

西漢の武帝時代に設置された「玄菟郡」とは、現在の中国遼寧省新賓の西であったが、後年、東漢の永和元（一三六）年に入ると、北方の扶余族が南下攻略してきたため、郡治を現在の瀋陽市の東に移動させたと記している。

注・漢代設置の玄菟郡の郡治は明代の建州衛《けんしゅうえい》。建州衛は清朝の初期の国都である赫図《ほと》阿拉城《あらじょう》である。すなわち現在の新賓満族自治県。新賓の西が郡治。

新賓の西とは「老城《ろうじょう》」の辺りを指すものと思われ、また、瀋陽市の東とは「撫順城《ぶじゅんじょう》」を指すものと思われる。また、『漢書地理志《かんじょちりし》第八下』に次のように記されている。

「高句麗・遼山、遼水所出、西南至遼遂入大遼水。又有南蘇水西北経塞外」

高句麗・遼山《りょうざん》は、遼水《りょうすい》の出づる所、西南、遼《りょう》に至りついに大遼水《だいりょうすい》に入る。また、南蘇水《なんそすい》あり、西北、塞《さい》の外を経《へ》る。

「高句麗・遼山」はともに、「遼水」の出づる所にありという。この「遼水」というのは『清史稿』中に、松花江《しょうかこう》と鴨緑江《おうりょくこう》の分水嶺《ぶんすいれい》をなす「吉林哈達嶺《きつりんこうたつれい》」に源を発す「渾河《こんが》」の別名であったことがわかる。

なお、この「遼水」は二水ある。その一つは「大遼水」、またその一つは「小遼水」である。

「大遼水」とは今日の「遼河」で、「小遼水」とは今日の「渾河」を称す。

注・文献記載上、単に「遼水」という場合には、このうちの「渾河」を指称したようで、この区分を混同すると、極めてややこしくなるので要注意。

次に『大清一統史』中によると、「玄菟郡高句麗県は興京《こうきょう》の北、遼水の出づる所」と記載されているので、「高句麗県」そのものは渾河上源の「清原」であったようである。「興京府」とは、清朝初期の国都「赫図阿拉城《ほとあらじょう》」をいい、今日の「新賓満族自治県」で、郡治はここに置かれたようである。これらの記述から玄菟郡がどこに置かれていたかがわかる。すなわち、渾河上源から新賓の間で、次いで瀋陽東郊の「撫順城」を郡治として、その郡域は西に移動したことになる。

注・玄菟郡は、遼東郡とともに移動はなはだしく、三度移動している。その一は興京。その二は瀋陽の東。その三は遼河の西に移動。

次は「**真番郡**」であるが、この郡も国から降格され「郡」になった一つであり、「卒本《そっぽん》地方」以東をいう。「卒本」とは、遼寧省の靉河《あいが》以東及び渾江流域周辺から鴨緑江上源をいう。『奉天通志《ほうてんつうし》巻五十一沿革一統部一』の中に次のような記載が見られる。

「按真番国名、始見於燕時。為鴨緑江上游及佟佳江流域之地也」

真番国《しんばんこく》の名を按《あん》ずるに、始めて燕時《えんじ》に見《あら》わる。鴨緑江上游《おうりょくこうじょうゆう》及び佟佳江《とうかこう》流域の地を為《い》うなり。

注・按の字、また、考に同じ。為の字、また、言に同じ。

『大韓疆域考《だいかんきょういきこう》』の中にも次のようにいう。

「真番之地雖不可詳、要在今興京之南、佟佳江之左右、又云興京之南、鴨水以北、今靉河以東、婆猪江之左右沿江千里之地。既非遼東、非朝鮮、必古之真番也。雪県必在興京之西、白山之西」

真番《しんばん》の地は、詳《つまび》らかにすべからざると

雖《いえど》も、要《よう》は今の興京《こうきょう》の南、佟佳江《とうかこう》の左右にあり。また、興京の南、鴨水《おうすい》以北をいう。今の靉河《あいが》以東、婆猪江《ばいこう》の左右、江《こう》に沿う千里の地なり。すでに遼東《りょうとう》にあらず、朝鮮にあらず、必ずや古《いにしえ》の真番なり。…略…

「興京」についてては玄菟郡のところで述べてある。「佟佳江」とは現在の渾江の複数名の一つ、また、「婆猪江」とは渾江下流域の別名でもある。あるいは「浿江《ばいこう》」ともいう。以上の記述から、いわゆる「真番郡」とは、どこに置かれたものか判明してくるはずである。すなわち今日の遼寧最東部の靉河・渾江流域一帯から鴨緑江上源一帯の地をいう。

次は「**臨屯郡**」だが、西漢の武帝の陵墓より出土した竹簡で『茂陵書《もりょうしょ》』といわれるものに、左のような記載が見られたといわれる。

「臨屯郡治東暆県、十五県也」
　臨屯郡《りんとんぐん》は東暆県《とういけん》に治《じ》す。十五県なり。

「東暆県」を治所《ちしょ》とする一帯地区が「臨屯郡」だったことになる。この「東暆県」とは、遼朝時代の「正州《せいしゅう》」の西に存在した古県をいう。この「正州」とは現在の吉林省通化《つうか》市を称したゆえ、その西とは、「通化県」か「英額布《えいがくふ》」近辺に「東毗県」が存在し、そこを郡治とする「永陵幹脈」一帯にかけて、「臨屯郡」は置かれていたことになる。龍崗山南麓から渾江上源一帯の地をいう。

宿願を果たした漢の武帝

さて、西漢の武帝時に設置されたと伝えられる「玄菟・真番・臨屯」三郡の所在は判明したことになるが、ではもっとも重要となる「楽浪」とは、いったいどの方面に置かれていたものか。この郡の所在の把握は、次に続く重要事項、すなわち「前三韓」と「倭」の総体的輪郭を解明していくための重要課題となる。

よって以下、この郡の所在詮索について考察を付していくわけであるが、その前に話が前後するが、漢の郡県進出に至るまでの「古朝鮮」との係わりを少しく述べておきたい。

西暦前二〇二年、「漢・楚分争の乱」も、垓下《がいか》（安徽《あんき》省霊壁《れいへき》県の東南）の一戦が漢に幸いして、烽火兵燹《ほうかへいせん》の燻《くすぶ》りもようやく絶え、天下静謐《てんかせいひつ》となったその年の十月、沛公劉邦《はいこうりゅうほう》（漢の高祖）は建《けん》元《げん》し帝位につき、世は漢の掌中に帰すことになる。

しかして、兵馬抗争の間に軍功を挙げた将士たちを一応は総花的に王侯などに封じてはみたものの、ややあって彼らを待ち受けていたのは、高祖の室・呂后《ろこう》の差し金で始まった〝功臣除《こうしんじょ》戮《りく》〟、すなわち「劉氏《りゅうし》にあらずして王たるは、天下共にこれを伐《う》たん」の名目による粛清の血風であった。「狡兎《こうと》死して、走狗《そうく》烹《に》られ、高鳥《こうちょう》尽《つ》きて良弓《りょうきゅう》蔵《かく》れ、敵国滅びて謀臣《ぼうしん》亡《ほろ》ぶ」とは、まさに人類闘争史の宿命。転変常なき理《ことわり》を言い得た箴言《しんげん》といえよう。

わが国に例をみるなら、何のことはない、関ヶ原合戦後、加藤清正をはじめとする豊臣家恩顧の大名たちが、何のかんのと難癖をつけられ、家康の犠牲となり斃《たお》されていったのと同様のことである。さらに卑近な例では、毛沢東《もうたくとう》の政権下に見られた文革の類といえよう。

このような功臣除戮の最中にあって、かつては沛公劉邦の呑み仲間で盧綰《ろわん》たる者、功績あって燕王などに封じられてはいたが、己も劉姓ならぬ身の上、まごまごしていると早晩取っ掴まり膾《なます》にされるのが落ちとばかり、尻に帆かけて塞外《さいがい》・匈奴《きょうど》の地へと亡命してしまう。

ここに、その臣で衛満《えいまん》なる者、己も同じ身の上、また、主に遁走《とんそう》され身の置き所もなくなり、彼も一族郎党全財産を引っからげ、東を目差し朝鮮の地へと亡命してしまう。時にこれ西暦前一九五年と伝えられる。

衛満の朝鮮亡命が、後に漢と朝鮮の係わり合いの始まりで、また、朝鮮にとっては、国が終局を告げる危険人物の到来となってしまった。果たせるかな、一年後の前一九四年に、衛満は朝鮮王箕準《きじゅん》の信任を裏切り、漢の政敵や亡徒の類と結託し、詐術を弄しその国を簒奪《さんだつ》、ここに漢族を根幹とする新たな国家「衛氏朝鮮《えいし》」を興《おこ》すことになる。

だが、この簒奪王国「衛氏朝鮮」も二代の間はつつがなきを得たが、衛満の孫の三代・衛右渠《う》渠《きょ》の時に至り、早くも滅亡の兆しが顕《あらわ》れた。すなわち祖父以来の漢との外臣待遇を快しとせず、漢の政敵や亡命者の類をしきりに誘い、事あるごとに漢に反抗する気勢を示し始めた。

時に、漢の中興の祖といわれた名君、第六代武帝は使臣を遣わし、朝鮮王の懐柔策を試みたが、それに応ずるどころか、逆に東北諸民族が漢に通貢する道を塞ぎ、あまつさえ遼東東部都尉官を殺害する事件を引き起こしてしまう。

この事件を契機とし、漢の朝鮮征服の名目はできあがり、ついに元封二《げんぽう》（西暦前一〇九）年に至り武帝は海陸両路より兵を発し、本格的な朝鮮征服に乗り出したのである。

しかし、この事変も朝鮮国要人の内応によって、翌元封三年に右渠の首は刎《は》ねられ、幾許《いくばく》もなく終局を告げた。殷末の賢人子胥餘《ししょよ》に始まる「箕子《きし》朝鮮」が八百年の国運を保ったのに比べ、簒奪王国「衛氏朝鮮」は、右渠に至る三代八十五年、槿花一朝《きんかいっちょう》の夢として潰《つい》え去ったのである。そして、ここに西漢の郡県進出となるわけである。

以上のような経緯をたどり、漢民族は周の武王以来の宿願であった朝鮮の地の支配を、初めて達成させたのである。

この「朝鮮」あるいは「朝鮮の地」とはどこであったのかということは、すでに論述したとおり、そこは現在の中国東北地方、遼寧《りょうねい》省東部から吉林《きつりん》省方面にかけてであり、現在の朝鮮半島方面を言ったわけではない。つまり、「満洲経略」の史的エピソードであったことになる。したがって、漢の四郡といわれる「楽浪・臨屯・真番・玄菟」などの郡は、これすべて遼寧省東部から吉林省の長白山区一帯に置かれていたもので、現在の朝鮮半島内に位置づけて語ることはほとんど不可能となる。

ここにおいて、最初に言い置いたように、古《いにしえ》の「朝鮮」の所在を間違ってとらえると、以後に続く古代北東アジア史全体に歪みをきたし、また、「倭・倭の地」とはどこを指して称したのか、その全体的な輪郭像の把握が困難になり、さらにまた、その解釈についてもあいまいとなり、研究家それぞれがどこかで妥協せざるを得なくなる。究極的には、『倭人伝』がおしなべて古代日本の史実を伝えていると見なす結果で落ちとなる。

では、一般に語られている「楽浪郡」に関する説も、誤断誤認以外の何ものでもないということになれば、そもそも、武帝時代に設置したという「楽浪郡」とは、どこに置かれていたのであろうか。その郡域を具体的に考察してみよう。

第三章　ニセ楽浪郡を構想した人々

『漢書地理志』の楽浪郡

漢帝国百三郡国中、この「楽浪《らくろう》」はじつに四十九番目に位置する大きな領域を占めていた。

『漢書地理志《かんじょちりし》』は次のように記録している。

「楽浪郡《らくろうぐん》、武帝《ぶてい》の元封《げんぽう》三年開《ひらく》…中略…戸《こ》六万二千八百一十二、口《こう》四十万六千七百四十八。県二十五、朝鮮・詽邯《なんかん》・浿水《ばいすい》・含資《がんし》・黏蝉《ねんてい》・遂城《すいじょう》・増地《ぞうち》・帯方《たいほう》・駟望《しぼう》・海冥《かいめい》・列口《れっこう》・長岑《ちょうしん》・屯有《とんゆう》・昭明《しょうみょう》・鏤方《ろうほう》・提奚《ていけい》・渾弥《こんみ》・呑列《どんれつ》・東暆《とうい》・不而《ふじ》・蠶台《さんたい》・華麗《かれい》・邪頭昧《やとうまい》・前莫《ぜんばく》・夫租《ふそ》」

以上二十五県が「楽浪郡」の統轄下であった。もっとも、これは「臨屯郡轄県《りんとんぐんかつけん》」と「嶺東七《れいとう》県」を併合した、西暦前八二年ごろの構成であり、設置当初の元封《げんぽう》年中には何県存在したかは不明である。なお、「県」といわずに「城」と表記した文献もある（例・華麗城・不耐城）。

これが三世紀東漢代に至ると十八県に、さらに四世紀の西晋代に至ると、わずか六県を残すのみとなる。しかし、統轄県が減少したとはいえ、これらを統治した「楽浪郡」が、今日の中国東北地方及び長白山区一帯に置かれていたことは間違いない。

なお、右の二十五県中の「不而」は、「不耐《ふたい》」の誤写、また、「夫租」は「沃沮《よくそ》」の誤写といわれ、『漢書』の校勘記と『三国志巻三十』の記述によって訂正しておきたい。

「太白山脈」と「長白山脈」の違い

楽浪郡に併合された「嶺東七県」中の「嶺東」についてであるが、これは「単単大嶺山《たんたんたいれいさん》」をいうわけである。

しかし、この山岳の推定に関してもわが国の史家たちは、大きな誤断を犯して語っている。過ちというより強引な附会である。

すなわちこの山岳を、現在の朝鮮半島の背嶺をなす「太白《たいはく》山脈」に比している。この推定は何によったものか、はなはだしい限りの牽強である。

『欽定満洲源流考《きんていまんしゅうげんりゅうこう》巻十四山川条《さんせんのじょう》』で、この山岳について左のような記録を載せている。

「按単単与満洲語善延相近。疑即長白山也」

単単《たんたん》を按《あん》ずるに、満洲《まんしゅう》語の善延《ぜんえん》と相近《あいちか》し。疑うらくは、すなわち長白山《ちょうはくさん》なり。

また、『長白征存録《ちょうはくせいぞんろく》巻二山川条』においても次のように記録している。

「単単、満語珊延音相近、即長白山」

単単《たんたん》は、満語《まんご》の珊延《さんえん》と音《おん》が相近《あいちか》し。すなわち長白山《ちょうはくさん》。

いわゆる「嶺東」の「嶺」とは「単単大嶺山」のことであり、それは現在の鴨緑江《おうりょくこう》上源に聳立《しょうりつ》している「長白山脈」を称したことが判明する。なお、吉林《きつりん》省集安《しゅうあん》市の東北に「老嶺《ろうれい》」という山岳があり、この山岳の古名に「敦々《とんとん》」という名称が存在し、あるいはこの名称の音転ではなかったかとも思われるが、ここでは私見を避け、「長白山脈」をもって是としたい。

封建・郡県・郡国制度に関わる断り書き

「楽浪」の郡域考察に入る前に、若干さかのぼって、漢の「郡国制度」について概説しておきたい。かつて、周室は氏族的・血縁的、または擬制血縁集団を中心とし、藩屏《はんぺい》（直轄領）を培う「封建制度」に偏し、結果的には分裂をきたし、諸侯たちに滅ぼされている。また、秦は強大な軍事力を行使して、弱小国を併合し県に降格し、皇帝権を頂点とする「郡県制度」の確立を急ぎ過ぎた結果、孤立無援のうちに打倒されていった。

西漢代に入ってからは、これら前例の弊害に鑑《かんが》み、「封建・郡県」すなわち「周と秦」の方法を折衷《せっちゅう》した新たな制度を打ち出した。それが「郡国制度」である。この制度は、王と諸侯の領域の中に、漢の直轄地を複雑に組み込ませた制度で、わが国の幕政下に見られた「天領」と「大名領」を巧みに組み込んだ制度に類似した形態であった。

だが、折衷案たる「郡国制度」そのものの実態は、封任地の太守の財力と権力のバランスにより、かなりの曖昧性が見られ、厳密な区分の線引きはできない嫌いがあった。すなわち、中近世的国家行政区分とは異なるということである。

よって、以下で考察に入る「楽浪郡」をはじめ、他の郡域などについても、わが国の教育用歴史地図に見られるような、整然と示されるような単純なものではなかった。だからたとえば、楽浪郡の中にも他郡の統轄県が飛び地のように点在していたりするのが実情であり、中国のみならず、こんなところが古代国家の行政区分と見て差し支えないようだ。

「郡県・郡国」とはいうものの、果たしてどこからどこまでが、何郡の統轄下であったか、厳密に明示することは不可能と思われるので、考察結果を図示するに当たっても、それはおおよそのところを示さざるを得ないということを理解していただきたい。

元封《げんぽう》年中の武帝時に設置された「楽浪郡」も、二十六年後の昭帝《しょうてい》の始元《しげん》五（西暦前八二）年に至り、「臨屯・真番」二郡を廃して、「臨屯郡」は「嶺東七県」とともに、楽浪郡の統轄下に組み込まれる。結果的に郡域は東に拡大され、郡治も「南部都尉《なんぶとい》」と「東部都尉《とうぶとい》」との二つに分治された。この中の「東部都尉」の治所については99頁で述べたい。

では、この「楽浪」とは、およそどの辺りに置かれていたものか、この所在について考察してみよう。旧来の定説とされていたものが大きく揺らぐことになると思う。

複眼的に比定する楽浪郡域

清《しん》の宣統《せんとう》元（一九〇七）年、清朝期の地理学者・張 鳳台《ちょうほうたい》が表した『長白征存録《ちょうはくせいぞんろく》』中の「歴代沿革志」は次のように記録している。

「漢武帝元封三年、滅朝鮮、分置楽浪・玄菟・臨屯・真番四郡、即在今奉省南蓋平・海城・復州等処。至昭帝始元五年、詔罷臨屯・真番、以併楽浪・玄菟。…中略…自単単大嶺以東、悉属楽浪、故楽浪地勢最為広袤。…中略…以其時其地考之、自今之海・蓋以東至長白山一帯地方、均属楽浪郡」

漢の武帝《ぶてい》の元封《げんぽう》三年、朝鮮を滅ぼし、分かちて楽浪《らくろう》・玄菟《げんと》・臨屯《りんとん》・真番《しんばん》四郡を置く、すなわち今の奉省《ほうしょう》南蓋平《みなみがいへい》・海城《かいじょう》・復州《ふくしゅう》等処《とうしょ》にあり。昭帝《しょうてい》の始元《しげん》五年に至り、詔《みことのり》して臨屯・真番を罷《や》め、以て楽浪・玄菟に併《あわ》す。…中略…単単《たんたん》大嶺《たいれい》より以東、ことごとく楽浪に属す。ゆえに、楽浪の地勢はもっとも広袤《こうぼう》となる。…中略…その時、その地を以て、これを考うるに、自今《じこん》の海《かい》・蓋《がい》以東、長白山《ちょうはくさん》一帯地方に至り、均《ひと》しく楽浪郡に属す。

いわゆる西漢の武帝の時に設置されたといわれる「楽浪郡」とは、清朝期の奉天《ほうてん》省の南蓋平・海城・復州以東、及び大長白山地一帯地方に置かれていたことがわかる。「奉省・奉天省」とは、現在の遼寧《りょうねい》省東部から吉林《きつりん》省集安《しゅうあん》をいう。

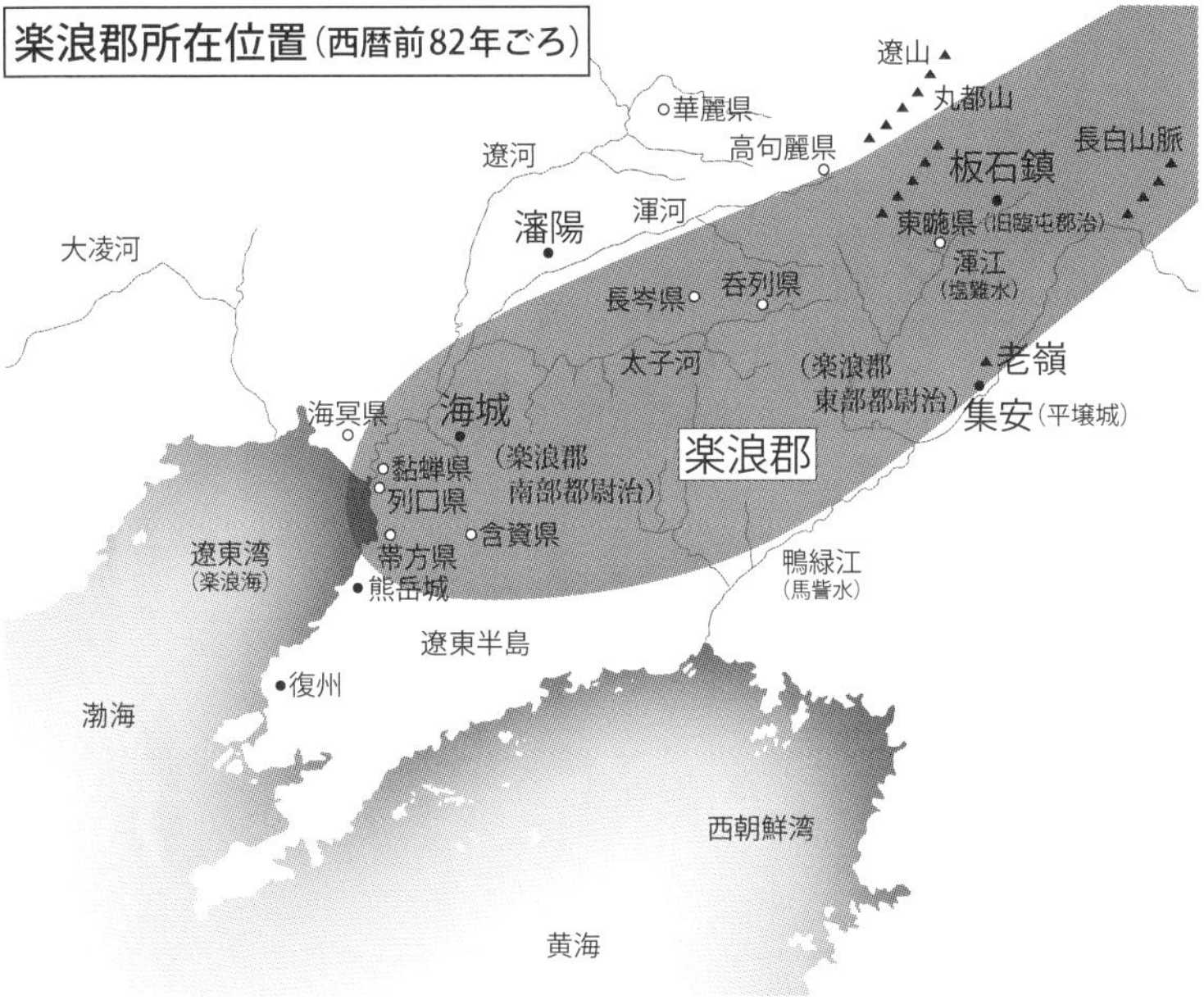

次に『大清一統志《だいしんいっとうし》巻三十八盛京統部表』を見ると左のような記載がある。

「奉天府、東南遼東・玄菟・楽浪三郡及朝鮮地」

奉天府《ほうてんふ》、東南は遼東《りょうとう》・玄菟《げんと》・楽浪《らくろう》三郡及び朝鮮の地なり。

ここでいう「奉天府」とは、清朝中期の国都「盛京《せいきょう》」であり、また、「奉天省」の府治でもある。すなわち、現在の遼寧省瀋陽《しんよう》市である。

右の一文を解釈すると、「瀋陽市の東南一帯地区は、古の遼東・楽浪・玄菟三郡と朝鮮が存在した地である」という意味になる。

さて、満洲民族の王朝下に編纂《へんさん》された文献から「楽浪」に関する記述を拾ってみたわけであるが、では中国漢民族王朝下における文献中では、どのように記載されているであろう。多分に断片的とは思われるが、その所在を知るには充分であると考えられる。

『後漢書《ごかんじょ》巻一光武帝紀《こうぶていき》』の注釈文に左のような記録が見られる。

「楽浪、郡、故朝鮮国也、在遼東」

楽浪《らくろう》は郡《ぐん》、もとの朝鮮国なり。遼東《りょうとう》にあり。

また、『続漢書郡国志《ぞくかんじょぐんこくし》四』及び『魏書地形志《ぎしょちけいし》』などの記すところによると、「楽浪郡とは、幽《ゆう》州《しゅう》・営州《えいしゅう》・平州《へいしゅう》などの地に置かれていた」と伝えている（注・遼寧省一帯が幽州で、大凌河《だいりょうが》以東、遼河《りょうが》流域までを分かって営州となし、さらにまた、その東・遼左の地を分かって平州とする）。これらの州はすべて今日現在の遼寧省一帯に附されていたもので、「楽浪」に関する記述は一致してくる。

よって漢の時代の「楽浪」をはじめとする四郡は、どこに置かれていたものであったかが判明してくる。

朝・韓史家の楽浪に関する見解

では、朝鮮や韓国の史家たちは、戦後、「楽浪郡」についてどのように語っているであろうか。朝鮮大学校歴史学研究室編纂の『朝鮮史』（朝鮮青年社刊）中の一文を左に載せよう。

「楽浪に関する文献資料は、非常に断片的で混乱したものしか残されていないため、六世紀ごろから、中国の大国主義的な一部の歴史家の間で、漢の楽浪郡がピョンヤンにあったという主張が出され、このピョンヤン＝楽浪郡説は、日本の御用学者たちによって、最終的に補強され今日に至っている。

日本帝国主義者は楽浪遺蹟を破壊略奪したばかりでなく、資料の偽造と歪曲によって、ピョンヤン＝楽浪郡説を定説と化していったのである」

また、全浩天《チョンホチョン》氏は『古代史にみる朝鮮観』の中で、楽浪について次のように語っておられる。以下、続けて要約する。

「楽浪滅亡の最後の時期の位置が、遼東地域であったことを考慮に入れるならば、古朝鮮末期の領域の中心に楽浪郡が置かれたことは論をまたない。すなわち今日の中国の大凌河より東の遼河下流域に漢の楽浪郡が設置されたのである。今日の平壌地方には漢の楽浪郡はなかったのである。

したがって、平壌地方から出土した文化財は、漢の『楽浪文化』ではない。ゆえに、大同江流域の平壌地方の民族的性格と、その特質に対する、日本の伝統的な解釈は、根底から検討されねばならない」

さらに言を継ぎ、次のように述べている。

「楽浪文化に対する歪曲は、一九一六年朝鮮総督府古跡調査団が、平壌付近の木槨《もっかく》古墳と塼槨《せんかく》古墳を発掘調査したことによって始まった。この平壌付近の文化財は『漢代文物の心髄』として歪められ、より広汎な歪曲を斉《もた》らしたのは一九二四年の『楽浪古墳』についての第二回学術調査と、一九二五年の旧東京帝国大学の木槨古墳に対する調査であった。この時期の調査の過程で、平壌付近古墳の日本人無頼漢《ぶらいかん》による恐るべき盗掘と破壊が世上の注意をひいた。このことは楽浪文化の権威者によって指摘されている。

大正十二年から十三年にわたって行なわれた発掘調査は、おびただしい出土品によって世の注意を高める機縁をなし、その前後における南朝鮮の慶州《けいしゅう》においての豊富な黄金造りの遺品と相いまって、半島への関心を高めるに至った」

注・漢帝の楽浪郡は、遼寧・吉林方面。今日の平壌方面から出る発掘物の多くは、百済文化の遺蹟物であり、朝鮮大学校も大いなる矛盾を犯している。

継いで次のようにも言う。

「漢によって遼河流域に設置された楽浪郡ではなく、朝鮮の大同江《だいどうこう》流域の朝鮮文化を『漢の楽浪郡とその文化』としたのはだれか、それは朝鮮史研究を独占したかつての日本帝国主義者と、その権力に庇護《ひご》された日本の学者たちであり、朝鮮人ではなかったのである」

最後に、すでに故人となられた、元韓国国立博物館館長であった韓 炳 三《ハンピョンサム》先生の言葉を、次に附記しておくが、もって銘すべきであろう。

「朝鮮半島は、何も日本が植民地として先鞭をつけたものではなく、ある時期、漢帝国によって楽浪郡をはじめとする郡県の進出によって支配されたとして、楽浪の遺蹟調査に躍起となり、その過程で文献の改竄や遺蹟の破壊等がなされ、以後、日本の御用学者たちによって、半島の歴史は語られ出したのである」

韓先生もまた、漢帝国時代の郡県が、現在の朝鮮半島方面に存在していなかったことを指摘されており、わが国の史学界で定説となっている「楽浪郡＝朝鮮半島」説は、日本人が自国に都合の良い歴史観を打ち建てるべく捏造し、かつ、歪曲化させた「朝鮮史観」であったことにも言及されていた。

明治十三年の参謀本部――古代北東アジア史の改竄①

諸賢先輩各位の言われるように、確かに今日現在に至るまで、わが国の史学界で定説となり、かつ一般的常識とされている古代北東アジア史のあるページは、かつての国家権力体制下に都合の良いように、御用学者と称された人々が、国家権力を背景として、李朝下の実学者たちの意見を無視し、日本国家思想に沿った一元論的史観、すなわち「皇国史観」を打ち建てるため、かなり強引な改竄偽造をなした事実は否めないようである。

この改竄偽造は、何も楽浪郡のみならず、北東アジア史全体にわたり、史実がまことに奇妙な形に歪められてしまっている。この事実に、著者はここで少しく言及しておきたい。批判と暴露・理非曲直は、事実求是の精神に則るがゆえにである。また、幸いというか、著者には上に塞《ふさ》がるものもなく、また、失うべき何らのポストもなき「外史」なれば、立場は自由に是是非非を論じられる独擅場でもある。

さて、周知のごとく、わが国は幕藩体制から脱却し、西暦一八六八年に明治維新を成し遂げ、欧米列強と同列に立とうと懸命であった。しかし、欧米列強とのあまりの差違あるを見せつけられ、国家体制発展の基盤を、遅ればせながらすべて欧米ナイズすることや、また当時ではすでに終焉を告げようとしていた植民地支配などを国是とする方針を採った。

このような時代背景の下、明治八（一八七五）年に大日本帝国陸軍参謀本部では、当時の外務省と結託し、「日・韓併合」の画策を謀っていた。参謀本部は間諜《かんちょう》を大陸に送り込み、満洲や朝鮮方面の地理軍事情勢の調査に乗り出した。

明治十三（一八八〇）年に参謀本部は、海軍省軍事部勤務の酒匂景信《さかわかげあき》を、漢語研修生と身分を偽らせ、清国沿岸から朝鮮半島一帯の情報を探らせていた。

この時に、彼の手許にまことに恰好の資料が手に入った。すなわち「国崗上《こくこうじょう》広開土地好太王碑」の碑文の写し、『双鉤加墨本《そうこうかぼくぼん》』といわれるものがそれであった。この資料はただちに日本参謀本部にもたらされ、編纂課勤務の青江秀《あおえひいず》及び横井忠直《よこいただなお》らが本部の命を受け、その釈文は講究された。明治十七（一八八四）年のことである。

しかし、残念ながら『双鉤加墨本』そのものの解釈はかなり難渋を極め、かつ未熟なものであったといわれた。軍部はもちろん、学者間でも碑文中の「倭寇潰敗……」や「倭寇潰敗斬殺無数……」などの「倭・倭軍」を、わが国古代の軍事勢力と勘違いし、これを国辱ものとして解釈したものだから釈文に食い違いを生じ、ここにトンチンカンな史説が発生した。

そこで必要に迫られ史書改竄や遺蹟の破壊移動がなされ、虚構史観誕生の先鞭を附す原因になったといわれる。ちなみに、その釈文のタイトルは『東扶余王永楽太王碑之解』としてまとめられたものがそれであった。

学者が仕上げた「虚構偽史」——古代北東アジア史の改竄②

しかし、より重要なことは、その資料が、単に学問の分野における存在でなく、当時の軍部や政治家たちの野心と重なり、また、国家形成上の大なる世論に増幅され、加えて学者は学者で一丸となり、国史改編や教育分野における強い関心事の対象として、大々的な改竄偽造が開始されたことにある。

これら改竄行為の第一順が軍部であり、その第二順が旧盛岡藩士族出身の那珂通世《なかみちよ》博士に引き継がれた。彼は新政府の権力を背景として自らも踏査行を実施し、ここに「朝鮮・満洲史研究」の日本人学者による独占権の先鞭を作り上げた。

那珂通世氏は、わが国の教育界に初めて「東洋史」という分野を確立させたことで著名である。残念ながら、それまでわが国には、「東洋史」という学問分野が存在しなかったことになる。彼の文献改竄や遺蹟偽造行為を『奉天通志《ほうてんつうし》巻五十』の中において、「許されざる行為なるべし」と今日に記録を留めていることから勘案すると、かなり強引な附会がなされたことが察知できる。

さて、『東扶余王永楽太王碑之解』釈文、すなわち『双鉤加墨本』の解釈が、現地での解釈とかなり異なり一致しないことから、一九〇〇年に入り軍部は「日・韓併合」に都合の良いように碑文の解釈を根底から改竄してしまった。

注・好太王の碑文の改竄はなされなかったようである。

さらにまた、帝国陸軍第五十七連隊の連隊長・小澤徳平は、「好太王碑」を中国集安から日本に移動し持ち来るべく画策したが、集安県知事の反対により、この暴挙は果たすことができなかったといわれる。この時の持ち出し行為の事実は、一九一五年刊行の『輯安県郷土誌《しゅうあん》』が記録に留めている。

しかし、このような類の暴挙で成功した事例は一つ存在する。それは遼東半島の熊岳城《ゆうがくじょう》に存在した「百済建国の始祖尉仇台《いきゅうたい》」（注・尉仇台は名であり、扶余王《ふよおう》の姓は解《かい》。したがって、解尉仇台が正式な綴りである）の碑を、現在の韓国忠清南道《ちゅうせいなんどう》の錦江《きんこう》流域の「公州」の地に持ち来たり、そこが「百済建国の地」であったと偽装し得たことである。「百済五方」の一つといわれる「熊津城《ゆうしんじょう》」とは、現在の遼寧省方面にあり、現在の韓国説は偽作説である。

古代北東アジア史の改竄の第三順は、那珂通世氏の弟子たち、すなわち旧東京帝大と京都帝大の学者たちに引き継がれ、今日現在に語られている定説もどきが完成されるに至った。

那珂通世氏の弟子たちの中でも、とくに名を挙げておくべき学者として「鳥居《とりい》龍蔵《りゅうぞう》・白鳥《しらとり》庫吉《くらきち》・今西龍《いまにしりゅう》及び津田左右吉《つだそうきち》・岡野貞《おかのてい》」の各氏らである。白鳥庫吉氏は、「好太王碑」の碑文から案じ、「この碑の記述から、わが日本帝国が、太古から朝鮮半島を支配していたことを示す、歴史上極めて重要、かつ価値ある物証であり、よって、日本に運び博物館に安置すべきが妥当であろう」と言明したと今に伝えられている。

このような狂気じみた言動を、当時の体制下では、だれもが指摘さえせず黙していたことが、逆に不思議な感がする。日本の学者たちの目論見《もくろみ》どおり、文献改竄と遺蹟の破壊と移動などによって、現在の朝鮮半島の歴史像は塗り変えられて語り出され、その「虚構偽史」が今日に定着した。

韓国も解釈で汚染されている――古代北東アジア史の改竄③

なお、この「好太王碑」についてであるが、今日では東洋史に興味のある方ならだれでも知っている存在だが、この碑の建立地は吉林省集安市集安鎮の東方で、太王公社大碑街の鴨緑江を南面に控えて建てられている。この碑が高句麗第十九代広開土王の戦勝記念碑であることが判明したのは十九世紀に入ってからで、わが国の明治十五年ごろであった。

ところが、である。現北朝鮮の科学院院士の朴時亨《パクシヒョン》博士ほどの人でも、この碑については

「その陵墓の真相はまったく知らない」と語っていたという。この見解をどう理解すべきであろうか、まるで余所事《よそごと》のような印象を受ける。

旧来、語られているように、高句麗という国が、今日の北朝鮮のほぼ全域にわたって存在していたのなら、この国が滅びて千三、四百年くらいの歳月で、その記憶がまったく途絶えてしまったということは、やはり高句麗が現在の北朝鮮方面の存在ではなかったということを証明しているにほかならずと言えはしないか……。で、あるがゆえに「その真相はまったく知らない」のではなかったか。極めて大いなる疑問といえよう。

だが、時代を経て、刻文中の意味がようやくわかりかけたころ、その碑文中に頻繁に出てくる「倭・倭人」に関し、韓国史学者の中には、高句麗と兵を構えた「倭」とは、今日現在の南韓方面の在住勢力と見なし、また、そのように判断することが通説になっていたという。

しかし、「日・韓併合」の時期に入り、日本の学者たちは、「倭」とは「古代日本」のことであり、朝鮮半島は昔より日本が支配していたと牽強附会した。しかも、それに全面的に協力したのは韓国史学界の父ともいわれた李丙寿博士であり、「倭＝古代日本」ということで凝り固めてしまい、現在の歴史区分地図が完成された。

「好太王碑」の刻文そのものは改竄されなかったようだが、刻文の解釈を全面的に改変したことは否めない。そのため、朝・韓両国の学者は、その解釈で臨むと史実と辻褄が合わないとの意見もあったが、今やすでに百十数年の歳月を経た今日現在、そのデタラメ解釈史説が、韓国人一般に深く浸透しているのが現状である。もちろん、日本人一般にもそうである。

刻文中の「倭・倭人」が、仮に「古代日本国・日本人」だとして、「百済」と速やかに連合したり、あるいはまた、「倭兵」が「高句麗」を北へ追撃したり、果たして頻繁に成し得たであろうか。名にし負う玄界灘の険を冒し、鴨緑江一帯地区へ、などのことが刻文中と辻褄が合わなくなる所以でもある。しかし、そのような附会説が日本の学者をはじめ、広く韓国人に受け入れられた今日、もはやどうすることもできないのであろう。

このような形での「朝鮮史研究」と称される日本の国家権力ぐるみの歴史改竄は、今日において歴史を語る者から指摘もされず、再考察される兆しもなく、ごく当たり前の定説とされ続けている事実を憂う。

先に、全浩天氏がその著作中に言うごとく、「朝鮮史研究を独占し、自国の都合の良いように、遺蹟の破壊や移動、文献の改竄偽造と歪曲による偏見史観を打ち建てたのは、旧日本帝国の御用学者であり、朝鮮人ではなかったのである」との言葉と相まって猛省すべき時期にきているのではなかろうか。

地質学・権威者の行状――古代北東アジア史の改竄④

以上述べてきたような一元論的史観＝皇国史観構築上の諸行為は、何も文献や遺蹟だけでなく、地理学上の面にも及んでいる。

かつてわが国の地質学の権威と称された東京帝大の小藤文次郎《ことうぶんじろう》氏が、朝鮮総督府の権力を背景として、朝鮮半島内の地理調査に当たり、当時、無名ないしは不詳だった山岳・河川などを、満洲方面に存在した名称から持ち込んで、改竄した文献記述と合致させるべく附名して歩いたという事実が存在する。

ちなみに、一九六〇年の平凡社刊『世界大百科事典』中に、その一例を知る記載がある。すなわち「現在の北朝鮮慈江道《じこうどう》・両江道《りょうこうどう》にかけて横たわる山岳に『蓋馬高台《げまこうだい》』といわれるものがあるが、この名称については総督府時代に帝大の小藤文次郎氏が、土地の古老に訊ねたところ、まったくわからないということだった。たまたま満洲方面に『東蓋馬』という名称が存在したので、この名称『蓋馬』を持ち込んで附名した云々……」と記されている。

もし、これが事実であったとしたら、中・朝とを問わず、史書古典中の諸々の名称とを対比照合することは、ほとんど無意味に近いこととなろう。なお、著者自らも先輩からその事実を聞き及んでいる。「小藤氏は山岳に限らず、かなりの名称を満洲方面から移動して附名した」と伝えた証人は今日なおご健在である。

しかるに、かつてわが国史学界の最高権威といわれた白鳥庫吉《しらとりくらきち》氏は、その著『塞外民族史研究』中において、高句麗の「蓋馬大山《げまたいさん》」を今日の「蓋馬高台」に比し、高句麗の歴史を語っているが、それ自体、すでに彼の史観は根底から過ちを犯しているといえよう。

第四章　高句麗の国都を追う――今のピョンヤンに都城はあったか？

キーとなる高句麗の蓋馬大山を比定する

それでは白鳥庫吉《しらとりくらきち》氏を過《あやま》らせたところの、高句麗の「蓋馬大山《げまたいさん》」とは、どこの何の山岳を称したものであったのか？

この山岳を確認しておくことは、高句麗最後の国都「平壌城《へいじょうじょう》」の推測を果たす上で極めて重要なポイントとなるので、ここでその所在を明確にしておきたい。

『盛京疆域考《せいきょうきょういきこう》』の中に、「馬訾《まし》・塩難《えな》二水の合流する所」と記載されている。

この「二水」の中の「馬訾水《ましすい》」とは、今日の中・朝国境をなす「鴨緑江《おうりょくこう》」の複数名の一つ、また、「塩難水《えなすい》」とは、今日の「渾江《こんこう》」の古時における複数名の一つである。

したがって、いうところの「蓋馬大山」とは、これら河川の合流地点に存在していた山岳であったことがわかる。

『奉天通志《ほうてんつうし》巻八十山川志《さんせんし》』にも「輯安《しゅうあん》・桓仁《かんじん》の界、渾江《こんこう》東岸にあり、古馬《こま》はじつに蓋馬《げま》の音転なり」と記録されている。

ちなみに、『吉林省地形図』で調べてみると、渾江が鴨緑江に合流する九キロメートルほど北の渾江東岸に、「大古馬嶺《だいこまれい》・小古馬嶺《しょうこまれい》」と称す山険が存在している。これがすなわち、古《いにしえ》の「蓋馬大山」であったことが判明してくる。

かつて国家権力を背景とした御用学者と称された「今西龍《いまにしりゅう》・鳥居龍蔵《とりいりゅうぞう》」氏や「白鳥庫吉・岡野貞《おかのてい》」氏ら旧帝大系列の学者たちが、国情に沿った史観形成のため、意図的に行なった史実の改竄偽造史説が、今日に定着したままとなっている。この行為は那珂通世《なかみちよ》博士以来の伝統的行為となり、今日のアカデミストに引き継がれている。

そうであればこそ、『三国史記』に現れてくる諸々の名称を、現在の朝鮮半島内に位置づけて語ることは許されなくなる。

この章では、高句麗最後の国都である「平壌城」と、中期の国都である「丸都山城《がんとさんじょう》」を中心に、それぞれの場所の在処《ありか》を正確にしておきたい。それは歪められた史実を正すことに通じると思うからである。

では、まずは「丸都山城」から入る。

濊族が拠点とした「不耐濊城」――「丸都山城」を探す①

旧来、高句麗中期の国都という「丸都山城《がんとさんじょう》」、あるいは「尉那巌城《いなげんじょう》」を、現在の吉林省集安市に位置づけて語っているが、この推定は極めて疑問だらけであり、再考察する必要性がおおいにあると思う。

そこで、その前に予備知識として、楽浪東部都尉治《らくろうとうぶとい じ》の所在について、ここでいささかの考察をしておきたい。

「臨屯《りんとん》・真番《しんばん》」など二郡の廃併合とともに、「嶺東七県《れいとう》」が「楽浪郡」に併合され、楽浪郡は東に大きく拡大されるに至った。この広大な郡域を統治するため、漢帝国はその郡域を二分し、東部と南部に「都尉」を置くことになる。その郡域の区分は厳密を期し難いが、おおよそのところ、渾江以東・長白山区《ちょうはくさんく》一帯が「東部都尉治」となり、また、渾江以西・遼河《りょうが》以東及び海城《かいじょう》市以南が「南部都尉治」の管轄下となった（83頁の図を参照）。

なお、それぞれの「治所《ちしょ》」について、『漢書地理志』や『三国志・魏書』などの記録によると、東部都尉治の治所は「不耐濊城《ふたいわいじょう》」に、また、南部都尉治の治所は「昭明県《しょうめい》」に置かれた。

しかし、この南部都尉治の治所については記録上まったく不明だが、東部都尉治の治所については確実に指摘できる。

この「不耐」というのは、古《いにしえ》の「濊族《わい》」の拠点で、別名を「不耐濊城」、あるいは単に「不耐城」とも称し、高句麗時代に「丸都山城《がんとさんじょう》」と改名される。「丸都」とは中国側の呼称で、高句麗は「尉那厳城《いなげんじょう》」と称していたという。

すなわち、「丸都」も「尉那厳」も「不耐」も、これらは別々の存在ではなく、まったく同一の山城を称したものであるといわれる。

ある河川の東にあるという——「丸都山城」を探す②

『奉天通志《ほうてんつうし》巻八十山川志十四 輯安県《しゅうあんけん》』の記録に次のように言う。

「漢建安中、高麗王伊夷模更作新都於丸都山下。在沸流水之東」

漢《かん》の建安中《けんあんちゅう》、高麗王《こうらいおう》・伊夷模《いいばく》、更《あら》めて新都《しんと》を丸都山《がんとさん》の下に作る。沸流水《ふつりゅうすい》の東にあり。

注・高句麗王・伊夷模の模は、『三国史記』では伊夷謨と言偏で、『通典』と『奉天通志』中では木偏となっている。

この一文中の「伊夷模」とは、高句麗第九代故国川王《ここくせんおう》のことであり、西暦一七九年から一九七年にかけて在位した王である。ここで重要となる記述は、伊夷模の新たに作った国都、すなわち「丸都山城」が「沸流水」と呼ばれる河川の東側に存在したというところである。

「沸流水《ふつりゅうすい》」については、『清史稿《しんしこう》』に「沸流水《ふるすい》、すなわち佟佳江《とうかこう》の支流・冨爾江《ふるこう》の古名《こめい》なり」とある。「佟佳江」とは現在の「渾江」の別名であり、「冨爾江」とは、この「渾江」の支流「冨爾江」と同じものである。すなわち「冨爾江」を「沸流水」と称したことがわかる。

注・塩難水《えなすい》、すなわち現在の渾江流域そのものを通して沸流水と称した時代もあったようである。その他に佟佳江の名もあり。一つの河川に複数の名称あるは、しばしばである。

さて、「丸都山城」といわれるものは、この河川流域の東側に存在していたことが判明する。以上のことは『三国志・毌丘倹伝《かんきゅうけんでん》』の中の記述を見ても容易に推定できる。

「正始中、倹以高句麗数侵犯、督諸軍歩騎万人出玄菟、従諸道討之。句麗王宮将歩騎二万人、進軍沸流水上、大戦梁口、宮連破走。倹遂束馬懸車、以登丸都、屠句麗所都」

正始中《しょうしちゅう》、倹《けん》は高句麗《こうくり》の数《しば》しば侵犯するを以て、諸軍歩騎万人《しょぐんほきまんにん》を督《とく》し、玄菟《げんと》を出で、諸道《しょどう》よりこれを討つ。句麗王《くりおう》・宮《きゅう》、歩騎二万人を将《ひき》い、軍を沸流水《ふつりゅうすい》の上《ほとり》に進め、おおいに梁《かつ》口《こう》に戦うも、宮、連破されて走る。倹はついに束馬懸車《そくばけんしゃ》し、以て丸都《がんと》に登り、句麗の都《と》す所を屠《ほふ》る。

注・〝束馬懸車〟とは行路険難の形容詞。丸都山城が定説で言うごとく集安ならば、この形容詞は当てはまらない。なぜなら、集安は平城《ひらじろ》である。

この記述には若干の無理がある。すなわち「正始中」とは西暦二四〇年からであるが、この記述でいう「宮」とは、高句麗第十代山上王《さんじょうおう》・位宮《いきゅう》のことと思われるが、位宮は西暦二二七年には没しているので、あるいは第十一代東川王《とうせんおう》の時のことであるのかも知れない。

注・高句麗には「宮」と名の付く王が二人いる。その一人は第六代太祖王《たいそおう》・宮《きゅう》で、もう一人は第十代山上王・位宮であるが、太祖王は西暦五三年から一四六年の在位であり、また、山上王は一九七年から二二七年の在位で、正始年中にはすでに他界している。したがって第十一代東川王の誤記かと思われる。正始年中は魏の第二代少帝の時。

一応それはおくとして、高句麗軍が「沸流水」に進出し、しかも、「梁口」というところで戦っていることである。「沸流水」については言及しておいたが、この「梁口」とはどこであったのか、『清史稿《しんしこう》巻五十五志三十地理二』中の記述に「冨爾江口、蓋《けだ》し古《いにしえ》の梁口なり」とあり、現在の渾江の支流・富爾江と渾江の合流地点をこのように称したことがわかる。「沸流水」（現在の渾江流域全体を総称した場合もある）と「梁口」がわかれば、後は「丸都山」といわれた山岳が、どの辺に存在したのか、およその推測はついてくる。すなわち、「渾江・富爾江」流域以東の地に求められる。

板石鎮と断定する――「丸都山城」を探す③

『奉天通志《ほうてんつうし》巻五十二沿革二統部二』に次のような記述が見られる。

「清光緒六年設治員呉光国得断碑於洞溝西北九十里之板石嶺付近、即世所称之丸都紀功碑。三国志、称毌丘倹束馬懸車以登丸都、則丸都必在山上、故或謂板石嶺即丸都之所在」

清《しん》の光緒《こうしょ》六年、設治員《せつじいん》・呉光国《ごこうこく》、断碑《だんぴ》を洞溝《どうこう》の西北九十里の板石嶺《ばんせきれい》付近に得たり。すなわち世にこれを「丸都紀功《がんときこう》の碑」と称す。『三国志』に「毌丘倹《かんきゅうけん》、束馬懸車《そくばけんしゃ》し以て丸都に登る」と称されれば、すなわち丸都は必ず山上にあり。ゆえに、あるいは板石嶺は、すなわち丸都の所在という。

大清の光緒六年とは西暦一八八八年。この年、輯安《しゅうあん》設治員の呉光国《ごこうこく》という者が、洞溝（清国盛京省懐仁県洞溝、現在の集安市東郊太王県）の西北方に存在する「板石嶺」付近で、「毌丘倹の石碑の断片」を拾得したという。往時、魏・呉・蜀の三国時代の魏将・毌丘倹が高句麗征討に当たり、高句麗国都「丸都山城」を攻略した戦勝記念に、丸都の山の石にその功績を刻し、後世に伝えたといわれるものである。

　このことから勘案し、あるいはこの「板石嶺」こそが、往時の「丸都山」と称された山岳ではなかったか。したがって、この「板石嶺」とその周辺の山岳を調べ出せば良いわけである。『清史稿巻五十五地理二興京府輯安《こうきょうふしゅうあん》』の項で調べると、「輯安…中略…東北は老嶺崗《ろうれいこう》。北は丸都山《がんとさん》なり」と記録されている。この記述をもって判断するに、「丸都山」とは現在の鴨緑江《おうりょくこう》と松花江《しょうかこう》の分水嶺をなす「永陵幹脈《えいりょうかんみゃく》」、すなわち、現在の「龍崗山《りゅうこうざん》」そのものを指称し、「丸都」といったことがわかる。

　この山岳を『吉林省地形図』中で探してみると、現在の白山市の北十キロメートルの地帯に、吉林省を西南に分かって走っている「龍崗山」があり、その南麓に「板石鎮」というところが存在している。しかも、そこは「塩難水《えなすい》・沸流水《ふつりゅうすい》」と称された渾江上源の北側に存在している。

　さらにまた、『清史稿』は次のようにも記録している。

高句麗の国都・丸都山城と平壌城（4世紀末から5世紀初頭）

「納嚕窩集、龍崗嶺龍崗山、即古之丸都山也」
納嚕窩集《なろかじゅ》、龍崗嶺龍崗山《りゅうこうれいりゅうこうざん》、すなわち古《いにしえ》の丸都山《がんとさん》なり。

これでもはや疑うべくもなく、「龍崗山＝丸都山」であったことが判明したことになる。なお、「納嚕窩集」とは、満洲語で「龍崗山」を指称したものである。「納嚕窩集＝龍崗山＝丸都山」となる。

先に、その所在を特定・図示した「板石鎮」は、まさに「龍崗山＝丸都山」の南辺に位置しており、「丸都の下に都す……」にふさわしい所であるといえよう。『奉天通志』『清史稿地理志』などの記述と相まって、著者は、「板石鎮」そのものが「丸都山城」であると断定したい。そしてまた、ここが「楽浪郡東部都尉治」の置かれた「不耐濊城」でもあったということになる。

この「板石鎮」の所在を、現在の行政区画で表記するなら、中国・吉林省・白山市八江道区・板石鎮となり、白山市（旧渾江市）北部の山間部に位置する。

水険と山険を備えていた城——「平壌城」を探す①

さて次は、この「丸都山城《がんとさんじょう》」とともに、もっとも大きな間違いを犯している存在にふれる。すなわち、五世紀以後における高句麗最後の国都といわれる「平壌城《へいじょうじょう》」の所在についてである。

旧来一般に、高句麗時代の「平壌城」を、現北朝鮮の首府「ピョンヤン」に位置づけ語っているようだが、この推定もまた、見当違いの最たるものの一つ、すなわち大誤断である。

その違いについては、中国の史書古典中の記述を詳細に比較検討することによっても、だれもが容易に気づくはずである。それなのに、どういうわけか知らぬが、今日に至っても、史家たちは当然のことのように誤断のままを語っており、それを指摘する者もいない。そんなわけで、あえてその違いを指摘して論証するのは、あるいはおそらく著者をもって嚆矢《こうし》とするのではなかろうか。

いわゆる「丸都山城」が山険に拠っていたように、「平壌城」はさらに水険をも控えていたはずである。すなわち、「浿水《ばいすい》」と称される河川を南に控えていたのである。さらにその西側には「薩水《さっすい》」と称される河川と、「蓋馬大山《げまたいさん》」という山険を擁して存在したはずである。

この「蓋馬大山」についてはこの章の冒頭に既述したことであるが、吉林《きつりん》省集安《しゅうあん》市の西、渾江《こんこう》が鴨緑江《おうりょくこう》と合流するほぼ九キロメートル北、渾江左岸に存在する「大古馬嶺《だいこまれい》・小古馬《しょうこま》嶺《れい》」がそれである。「薩水」とは高句麗三浿水の一つ「平山府の猪難水《いなすい》」、すなわち「塩難水《えなすい》」

に同じで、これは「渾江」下流一帯に附されていた複数名の一つである。

『元史《げんし》巻五十九地理二遼陽等書行中書省《りょうようとうしょぎょうちゅうしょしょう》』中に、その違いを左のように記録している。

「東寧路、本高句麗平壌城、亦曰長安城。漢滅朝鮮、置楽浪・玄菟郡、此楽浪地也。晋義熙後、其王高璉始居平壌城。唐征高句麗、抜平壌、其国東徙。在鴨緑水之東南千余里、非平壌之旧」

東寧路《とうねいろ》、もと高句麗《こうくり》の平壌城《へいじょうじょう》なり。また長安城《ちょうあんじょう》という。漢は朝鮮を滅《ほろぼ》し、楽浪《らくろう》・玄菟《げんと》郡を置く、これ楽浪の地なり。晋《しん》の義熙《ぎぎ》後、その王・高璉《こうれん》、始めて平壌城に居《きょ》す。唐《とう》は高句麗を征し平壌を抜き、その国を東に徙《うつ》す。鴨緑水《おうりょくすい》の東南千余里にあるは、平壌の旧にあらざるなり。

注・東寧路が平壌城。ここに唐代最初の安東都護府が置かれた。

注・東寧路は集安。治所は遼陽が統轄していた。

この一文の末尾、すなわち「鴨緑水の東南千余里にあるは、平壌の旧にあらざるなり」は、もっとも重要な記述となるはずである。

「鴨緑水」とは「鴨緑江」で、古の「高句麗三浿水」の一つである。今日でも中・朝間の国境をなす大河であり、かつ軍事上要衝の地でもあり、古代でも現在でも変わることはないようだ。

現在の地図を見ていただきたい。鴨緑江の東南方向にあるピョンヤン（平壌）は、昔の平壌城ではないというのである。この一文の解釈を、今日のわが国の文献史学者は、どのように受けとめているのであろうか。

『周書《しゅうしょ》巻四十一異域上《いいきじょう》』に左のごとくある。

「其地、東至新羅、西渡遼水二千里、南接百済、北隣靺鞨千余里、治平壌城。其城、東西六里、南臨浿水」

その地、東は新羅《しんら》に至り、西、遼水《りょうすい》を渡ること二千里、南、百済《くだら》に接し、北は靺鞨《まっかつ》に隣《となり》すること千余里、平壌城《へいじょうじょう》に治《じ》す。その城、東西六里、南は浿水《ばいすい》に臨《のぞ》む。

次に、『隋書《ずいしょ》巻八十一高麗伝《こうらいでん》』にも、同様の記述が見られる。

「其国東西二千里、南北千余里、都於平壌城、亦曰長安城。東西六里、随山屈曲、南臨浿水」

その国、東西二千里、南北千余里、平壌城《へいじょうじょう》に都《と》す、また、長安城《ちょうあんじょう》という。東西六里、山に随《したが》って屈曲し、南は浿水《ばいすい》に臨《のぞ》む。

次にまた、『資治通鑑《しじつがん》巻百八十一隋紀《ずいき》』中も左のようにいう。

「平壌城、高麗国都也。亦曰長安城。東西六里、随山屈曲、南臨浿水。杜佑曰、高麗王自東晋以後、居平壌城、即漢楽浪郡王険城」

平壌城《へいじょうじょう》は高麗《こうらい》の国都《こくと》なり。また、長安城《ちょうあんじょう》という。東西六里、山に随《したが》って屈曲し、南は浿《ばい》水に臨《のぞ》む。杜佑曰《とゆういわ》く「高麗王《こうらいおう》は東晋《とうしん》より以後、平壌城《へいじょうじょう》に居《きょ》す。すなわち漢《かん》の楽浪郡王険《らくろうぐんおうけん》城《じょう》なり」

注・東晋より以後は西暦四二〇年以後。高句麗第二十代長寿王《ちょうじゅおう》の平壌遷都は、西暦四二七年。

以上の記述から「平壌城」を推定するに、山険と水険に拠っていた城であることがわかる。山険とは「老嶺崗《ろうれいこう》」であると思う。また、水険とは「浿水=鴨緑江」を南面に控えていたこともわかる。さらに「蓋馬大山《げまたいさん》」が控えていた。

「浿水=鴨緑江」を、さらに確認する――「平壌城」を探す②

さらに、『北史《ほくし》巻九十四列伝第八十二』においても、「平壌城」について左のようにいう。

「王別為宅於其側、不常居之。其外復有国内城及漢城、亦別都也。其国中呼為三京。復有遼東・玄菟等数十城」

王は別に宅《すまい》をその側《かたわら》に為《な》し、常《つね》にはこれに居《お》らず。その外に、また、国内城《こくないじょう》及び漢城あり、また、別都《べつと》なり。その国中は、呼んで三京《さんきょう》となす。また、遼東《りょうとう》・玄菟《げんと》等数十城を有せり。

高句麗王は「平壌城」には常居せず、その傍らに別邸を構築し、そこに住んでいたことを伝えている。さらにまた、この城の外に「国内城・漢城」を造り、国民はこれらを総称して、「三京」と呼んでいたという。

これら「三京」と称されるものも、記録から勘案するに、極めて至近な所に存在し、しかもすべて「浿水」と称される河川に臨んでいたことがわかる。

この「浿水」について、第一章で既述しているが、ここであらためてこの「浿水」といわれた河川について具体的に検討してみよう。『康熙字典巳集水部《こうきじてんいしゅうすいぶ》』で調べてみると次のように記載されている。

「浿水出遼東塞外、西南経楽浪県、西入海」
浿水《ばいすい》は遼東《りょうとう》の塞外《さいがい》に出《い》で、西南、楽浪県を経《へ》て、西、海に入る。

「浿水」は、「遼東の塞《さい》」と称されるものの外に出ており、西南方向に流れ、「楽浪県」を経て西に河口を持っていたことがわかる。ここでいう「遼東の塞」を、『中国歴史地図集』で調べてみると、それは三通り存在したことがわかる。すなわち、秦・漢時代の「長柵址《ちょうさくし》」と明《みん》代の「遼東辺牆《へんしょう》」、及び、清《しん》代の「柳条辺牆《りゅうじょう》」である。

105頁の図を参考にしていただこう。図中で三通りの「塞」の境界は略しているが、「塞」の外に出ている河川は「三浿水（鴨緑江・渾江・富爾江）」共通である。しかし、西南方向に河口を持つ条件は「三浿水」の中、現在の「鴨緑江」以外にはないのである。よって、「平壌」に臨んでいた「浿水」とは、「鴨緑江」を指したことになる。

なお、『奉天通志《ほうてんつうし》巻五十一沿革志』中に、「沛水《はいすい》はすなわち今の鴨緑江、一に大定江という」とあり、「浿」と「沛」は「ｐｅ・ｉ」で同音異字、ともに同一の河川を指しているようである。

ピョンヤン説は無理である——「平壌城」を探す③

以上から勘案し、高句麗時代の「平壌城」とは現在の北朝鮮の「平壌《ピョンヤン》」ではなく、「鴨緑江」を南に控えた「集安《しゅうあん》」方面に求めねばなるまい。旧来、集安地区は「丸都・国内城」を中心として語られてきたが、もっとも大きな存在を見落としていたようである。もちろん、「丸都山城」をも含め、これら「高句麗三京」といわれた存在は、すべて「卒本《そっぽん》地方」であったといえよう。「平壌城＝集安」の推定が正しいとすれば、『旧唐書《くとうじょ》巻六十七列伝第十七李勣伝《りせきでん》』の中の次の一文が頷けてくる。

「総章元年、命勣為遼東道行軍総管、率兵二万略地至鴨緑水。賊遣其弟来拒戦。勣縦兵撃敗之、追奔二百里至於平壌城」

総章《そうしょう》元年、勣《せき》に命じ遼東道行軍総管《りょうとうどうこうぐんそうかん》となす。兵二万を率《ひき》い、地を略《りゃく》し鴨緑水《おうりょくすい》に至る。賊《ぞく》、その弟《てい》を遣《つか》わし来《きた》りて拒戦《きょせん》す。勣、兵を縦《たて》にし撃ってこれを敗《やぶ》り、追奔《ついほん》すること二百里、平壌城《へいじょうじょう》に至る。

唐の総章元年とは西暦六六八年、高句麗滅亡の年に当たる。重要な記述は「追奔すること二百里、平壌城に至る」であろう。唐と高句麗が鴨緑江流域で衝突、敗走する高句麗を追って、二百支里で「平壌城」に到達している事実である。

唐代における「一支里」は〇・四キロメートル、したがって、記述にある里数を計算すれば、八十キロメートルとなるはずである。唐と高句麗軍がどの辺で戦闘状態に突入したかは定かではないが、仮に「集安鎮＝平壌城」であると見なして、この里数を逆にたどってみると、そこは遼寧省《りょうねいしょう》寛甸《かんでん》の東、鴨緑江北岸に存在する「満江紅《まんこうこう》・秋果碧《しゅうかへき》」近辺に至る。

双方の軍がここで衝突し、敗走する高句麗軍を追い、八十キロメートルほどで到達し得るところは「集安鎮」以外には存在しない。だが、旧来の説に従えば、「平壌城＝現北朝鮮の平壌《ピョンヤン》」であるから、これを是として記述のキロメートル数を照合するとおかしなことになる。

八十キロメートル程度の距離数では、「満江紅・秋果碧」からでは、せいぜい平安北道の清《せい》川江《せんこう》上源辺りが限界であり、今日の「平壌」には到達し得ないのである。今日の「平壌」と「満江紅・秋果碧」までは、直線距離でたどっても優に百七十キロメートルに達す。すなわち四百里になってしまう。ゆえにおかしなことになると言ったわけである。

高句麗の「平壌城」は、現在の北朝鮮の平壌ではないという証明のために、さらなる考察を付してみよう。

『隋書《ずいしょ》巻六十四列伝第二十九』に、次のような一文が載っている。

「護児率楼船、指滄海、入自浿水。去平壌城六十里、与高麗相遇」

護児《ごる》、楼船《ろうせん》を率《ひき》い、滄海《そうかい》を指し、浿水《ばいすい》より入る。平壌城《へいじょうじょう》を去ること六十里、高句麗《こうくり》と相《あ》い遇《あ》う。

隋の煬帝《ようだい》の大業《たいぎょう》年中、すなわち西暦六一一年から六一四年の間における高句麗征討を伝えた記録だが、重要なところは隋の水軍が滄海を経て、浿水から入っていることである。いうところの「滄海」とは現在の「黄海」の古名、また、「浿水」とは、すでに述べてきたように鴨緑江を指す。隋の水軍のこの進入経路を、もっとも重要視しなければならない。また、「平壌城」の六十里手前、すなわち二十四キロメートルほどで高句麗軍と遭遇している事実も見逃してはならない。

次に、『奉天通志《ほうてんつうし》巻三大事三』の中に、次のような記述が載っている。

「於是遂進東、渡薩水、去平壌城三十里、因山為営」

ここにおいて、ついに東に進み、薩水《さっすい》を渡り、平壌城《へいじょうじょう》を去ること三十里、山に因って営《えい》となす。

「薩水」については既述したが、『大明一統志山川之条《だいみんいっとうしさんせんのじょう》』に「薩水は平壌の西にあり」と記されており、この河が「渾江」の複数名の一つであったこともここで判明してくる。

『後漢書巻八十五東夷列伝第七十五東沃沮伝《ひがしよくそでん》』中にも次のような記述が見られる。

「蓋馬、県名。属玄菟郡。其山在今平壌城西、平壌即王険城也」

蓋馬《げま》は県名なり。玄菟郡《げんとぐん》に属す。その山は、今、平壌城《へいじょうじょう》の西にあり。…略…


平壌城の所在推測上、重要と言ったが、ここで初めて頷けてくるはずである。「平壌城」は西側にこの山険を控えていたのである。先に推定したように、「集安＝平壌城」と位置づけて勘案するなら、その西側には間違いなく「蓋馬大山《げまたいさん》」に比定した「大古馬嶺《だいこまれい》」が聳立《しょうりつ》していたことになる。

旧来の定説を是としていくと、数多くの文献記述が教える地理的条件が食い違う結果になってしまう。現北朝鮮の首府「ピョンヤン」の西側には、この山険に比すべきものはなく、あるのは黄海の波のみである。『後漢書』中の記述をもって、その総括りとし、旧来の「平壌城」に関する定説を妄誕《もうたん》の一つとしたい。

第五章　謎をたたえる新羅

新羅台頭の地とその北界

高句麗についていささか言及したついでに、同じく楽浪《らくろう》の地に興起《こうき》し、三国時代を画した東方の雄、「新羅」の国について、ここで少しくふれておきたい。

かつて、前三韓鼎立《ていりつ》期、弁辰《べんしん》（弁韓《べんかん》）の一属邦「斯盧《せろ》・斯羅《せら》」という前身名を持った小邦が、やがて「新羅《しんら》」となって台頭してきたとされているが、この説は多分に疑問でしかない。なぜならば、古《いにしえ》の弁辰の属邦の後身であったなら、その王姓は「慕《ぼ》氏」である。俗にいう「新羅三姓」の「朴《ぼく》・昔《せき》・金《きん》」の姓が現れてくるのは、はるかに後世の話であり、また、「新羅」という名称が対外的に認められるようになったのは、西暦五〇二年ごろからである。

仮に、新羅の前身が旧・弁辰の属邦であったとしても、前身の「慕氏」から「朴・昔・金」という王姓に、いつごろから交代したのか、これも疑問の一つである。あるいは斯羅の簒奪《さんだつ》で王姓が変わったのではないか、との懸念も出てくる。

そのように考えると、『三国史記』「新羅本紀《しらぎほんぎ》」そのものの記述もまともに受けとめ難くなる。この「新羅」という国が、三国時代を代表する「高句麗・百済」にならって、その建国が古かったということを強調するため、後世、「新羅史」編纂の段階で、あえて弁辰の属邦「斯羅」に結びつける附会がなされたと判断すれば、また、その限りではないが、しかし多大な疑問は残る。

そのいずれかはおくとして、「新羅」と称された国家が、現在の朝鮮半島を最初に統合したことは間違いない。だが、その発祥の地に関しては先にもふれたことであるが、現在の韓国慶《けい》尚北道慶州《しょうほくどうけいしゅう》の地ではないようである。このことは中国の史書古典中の記述を総合判断しても判明する。

総合して記載されていることは、すべてが「漢の楽浪郡の地」であり、また、「高句麗の東」で、あるいはまた、「高句麗の東南」である。この「高句麗」については既述したように、現在の鴨緑江《おうりょくこう》以北の「卒本《そっぽん》地方」を中心とした吉林《きつりん》省のほぼ全域と遼寧《りょうねい》省東南の地である。

このような地理的条件下で「高句麗の東」あるいは「高句麗の東南」であり、しかも、「楽浪郡の地」となれば、所はおのずと限定されてくるはずである。すなわち「長白山脈《ちょうはく》」一帯の地か、それ以東の地ということになろう。

だが、いまだ依然として具体的なところの指摘はできかねるが、高句麗の台頭発展（高句麗＝粟末靺鞨《ぞくまつまっかつ》の南下）に押され、逐次南下して現在の朝鮮半島方面へ徙遷《しせん》したであろうことは疑いもない事実である。

一般に語られているように、韓国慶尚道方面へと進出したのは、新羅第二十三代法興王《ほうこうおう》の十九年・西暦五五八年、あるいは五三二年ともいわれる。この年代に、「金官伽耶《きんかんかや》」を併合し、次いで第二十四代真興王《しんこうおう》の二十三（五六二）年に「大伽耶国《おおかや》」を併合、六伽耶全域を併呑するに至る。

注・伽耶国は七伽耶・十伽耶存在したが、韓史では六伽耶と改竄している。

さらに、七世紀中末に入り、百済や高句麗が滅亡すると、それらの領域を東北の「靺鞨《まっかつ》」と分断し所領としたが、やがて大唐帝国の東北方進出に押され、勢力範囲は朝鮮半島一帯に限られてくる。

注・現在の朝鮮半島の歴史は、新羅の統一から始まる。

注・靺鞨。粟末靺鞨すなわち大氏の興《おこ》した後高句麗＝渤海国《ぼっかい》を指す。

なお、この「新羅」の全盛時の、北方界域は、現北朝鮮の江原道《こうげんどう》北部の「元山《げんざん》」として語られているが、これも間違いである。なぜなら、唐帝国に圧迫されるまでは、かつての高句麗領域を「靺鞨」と分断したわけであるから、その北方界域は、現在の吉林省渾江流域一帯の「卒本地方」をも併合所有していたはずである。

このように言うと、異論を出される方もいよう。すなわち「新羅」という国の北界・朝鮮半島の江原道以北・両江道《りょうこうどう》・慈江道《じこうどう》方面一帯には、第二の高句麗ともいうべき「渤海」が進出していたはずであると。

しかし、この意見には、真っ向から否定することができる。「渤海」と呼ばれた国はこの時分、すなわち西暦六九〇年以前は、いまだ中国遼寧省北部から吉林省方面における存在であり、現在の朝鮮半島方面には入っていないのである。

渤海国は、吉林省敦化《とんか》の北・太平嶺一帯が東牟山《とうむ》（別名、満洲城）で、ここを中心にして拠っていた。しかもいまだ渤海国という名称は起こっていない。大震国《だいしん》と称していたはずである。

新羅の国の北界

では、この「新羅」という国の全盛時の北界とは、どの辺であったか、『三国史記巻三十五』

に次のような記述が見られる。

「賈耽古今郡国志云、今新羅北界溟州蓋濊之古国也」

賈耽《かたん》の『古今郡国志《ここんぐんこくし》』に云《いわ》く、「今、新羅の北界溟州《ほっかいめいしゅう》は、蓋《けだ》し濊《わい》の古国《ここく》なり」

さらに次いで、

「溟州本濊国漢武帝遣将討右渠定四郡時為臨屯高句麗称河西良一云何瑟羅州」

溟州《めいしゅう》は、もと濊《わい》の国なり。漢の武帝《ぶてい》、将を遣《つか》わし右渠《うきょう》を討たしめ、四郡《よんぐん》を定むの時、臨屯《りんとん》となす。高句麗は河西良《かさら》と称し、一《いっ》に何瑟羅《かしら》州ともいう。

「賈耽」とは西暦七三〇年から八〇五年の間に存在した人物で、唐の宰相兼地理学者でもあった。彼が編纂した文献が『古今郡国志』であり、この文献記述の一部が『三国史記高麗史』の中に引用されている。

右の一文から判断できることは、「溟州」が、漢の「臨屯郡」の統属下であったことである。この郡の所在は、既述したように、龍崗山南麓から渾江上源一帯である。したがって、この

「溟州」もその範囲内の存在であったことになる。

高句麗滅亡後、長白山区《ちょうはくさんく》に奔った大氏一族たちが、やがて粟末靺鞨を再統合し、名を変じて「大震」となり、西暦六九六年に台頭してくるまでの、「新羅」の支配権の北限は旧卒本地方（渾江流域）一帯に及んでいたことになる。

京畿大学校金哲埈《キムチョルジュン》教授は、『韓国古代国家発達史』の中で、新羅の北界を韓国慶尚北道の青松《せいしょう》に比して語っているが、金教授もまた、漢帝国時代の郡県が、すべて現韓半島方面に置かれていたことを是認して「新羅史」を語っていることになり、彼の史説もこれまた、日本の御用学者が定着させた史観にならった誤断といえよう。

新羅の慶州に関する疑問

新羅の「鶏林州《けいりんしゅう》」、唐代の「鶏林都督府」が置かれた所在について、一般に韓国慶尚道慶州（新羅発祥の地）に置かれていたと語っているが、この説はすこぶる疑問だらけである。『吉林地誌・鶏林旧聞録』の記すところや『欽定満洲源流考《きんていまんしゅうげんりゅうこう》』などは、「鶏林」について左のように記録している。

「吉林、确為唐時新羅国之鶏林州、嗣鶏林都督屢次移治。遂同於僑置。又清乾隆帝咏吉林詩云、作鎮曽聞古、殆即指此。著者終不敢指定也」

吉林《きつりん》、确《しら》べるに唐時《とうじ》の新羅国《しんらこく》の鶏林州《けいりんしゅう》となる。鶏林都督府《ととくふ》は屢次《るいじ》、治《じ》を移して嗣《つ》ぐ。ついに僑置《きょうち》に同じ。また、清《しん》の乾隆帝《けんりゅうてい》が吉林を咏《よ》める詩《うた》に云《いわ》く「鎮《ちん》となすこと曽《かつ》て古きを聞けり」と、ほとんどすなわち此こを指すも、著者は終《つい》にあえて指定せず。

これは新羅発祥の地と併考すべき重要な一文であるが、著者はあえて指定しなかったという。ちなみに、「吉林は鶏林の音転」と、すなわち「チーリン」である。判断は識者に委ねる。

注・鶏林、また古くは始林ともいわれた。音はともにチーリンであり吉林市の古名である。

中国の史学者も、粉骨砕身、精進せよ！

さて、第二章の71頁で「漢の四郡」を図示した。ここでもう一度、その誤図を見ていただきたい（次頁）。現在の朝鮮半島のほぼ全域が、中国漢帝国の支配下に置かれ、政治・文化の面からも、すべて漢文化の延長上ないしは従属的関係にあったかのごとく語られ、それが今日現

漢の四郡の誤図（定説）

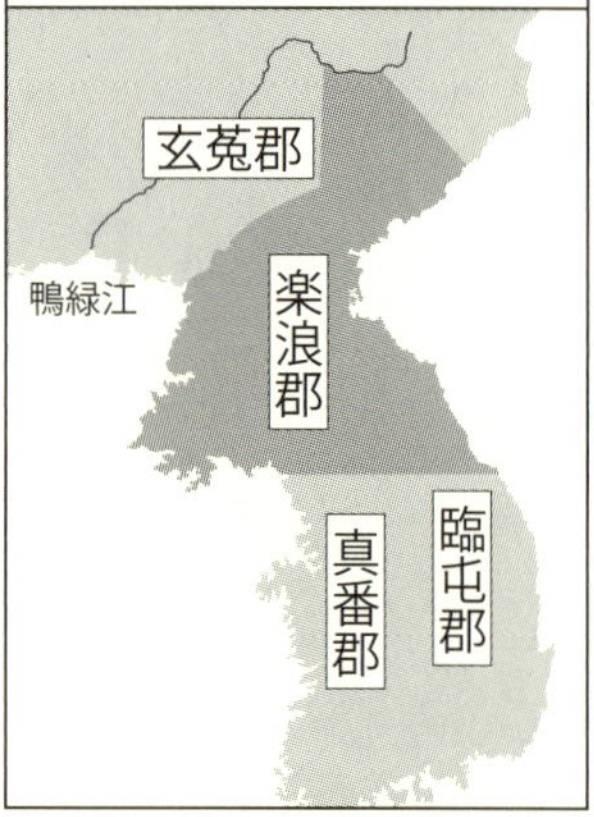

在、定説・常識として大手を振って歩いている。このような形で朝鮮半島の歴史を語ることが是か非か、次の『吉林地誌鶏林旧聞録巻四』の記述を読んでいただきたい。

「自来中国兵力能及今吉林省界者、只両度。一在三国曹魏時、毌丘倹討高麗、絶沃沮千余里、到粛慎南界。粛慎城在渤海国西三十里。渤海上京城、古粛慎也。按渤海大氏故都、今寧安県東京古城是。必沿渾江上游、以東北進者。一在明洪武二十年。馮勝攻元太尉納克楚于金山・今名鎊鎊山。按、吾国帝王武功之盛、無逾漢・唐。顧于吉林一省、独無軍事地理関係、即三国時毌丘倹・明初馮勝両役、亦倶以追討故及此、且僅及吉林辺界」

自来《じらい》、中国の兵力、能《よ》く今の吉林省《きつりんしょう》の界に及ぶもの、ただ両度《りょうど》なり。一《いつ》は三国の曹魏《そうぎ》の時にあり。毌丘倹《かんきゅうけん》、高麗《こうらい》を討ち沃沮《よくそ》千余里を絶ち、粛慎《しゅくしん》の南界《なんかい》に到《いた》る。粛慎城《しゅくしんじょう》は渤海国《ぼっかいこく》の西三十里にあり。渤海の上京城《じょうきょうじょう》は、古《いにしえ》の粛慎なり。渤海大氏《ぼっかいおおし》の故都《こと》を按《あん》ずるに、今の寧安県《ねいあんけん》の東京《とんきん》の古城《こじょう》これなり。必ず渾江《こんこう》に沿い、以て東北に進むものなり。一《いつ》には明《みん》の洪武《こうぶ》二十年にあり。馮勝《ひょうしょう》、元《げん》の太尉《だいい》・納克楚《なくちゅ》を金山《きんざん》に攻む、今の名は鎊鎊《ぼつぼつ》山《ざん》なり。

按ずるに、吾《わ》が国帝王の武功《ぶこう》の盛《さか》んなること、漢・唐を逾《こ》えるなし。吉林一省を顧《かえり》みるに、ただ軍事地理情勢なし。すなわち三国時の毌丘倹・明初《みんしょ》の馮勝の両役《りょうえき》なり。また、ともに追討の故を以て、ここに及ぶも、かつわずかに吉林の辺界《へんかい》に及ぶのみ。

注・曹魏。三国時代の魏は、曹氏が興したものゆえに曹魏と呼ばれた。ちなみに後世の北魏は元魏といわれたのに同じ。

意訳すると、

「自来、中国歴代王朝の軍事力が、よく現在の吉林省の辺界にまで及んだ事実は二度だけであった。すなわち、その一つは三国期に魏将の毌丘倹が、高句麗征討の兵を起こし、敗走した高句麗軍を追撃し、古《いにしえ》の『粛慎・挹婁《ゆうろう》国』の南界（現在の黒竜江《こくりゅうこう》省寧安の東京城）まで到ったことで、その進路は必ずや渾江流域に沿って北上したといわれる。

また、その一つは、明の太祖朱元璋《しゅげんしょう》の洪武《こうぶ》二十（一三八七）年五月、征虜《せいりょ》大将軍馮勝が帝の詔《みことのり》を奉じ、旧元帝時代の残党を伐つべく、吉林省北界の金山堡攻略をした二度の戦役だけであった。

古来、中国王朝の帝王で、武勲もっとも盛んであったのは、漢と大唐帝国だけであり、これを逾える存在はなかった。しかし、それとて、吉林省の東界と北界辺に到っただけであり、その理由は、東北地方の軍事地理情勢が把握されていなかったことに起因するものであった。ゆえに、この二度に及ぶ戦役がもっとも深く追撃し得た軍事行動であったといえよう」

と伝えている。

『鶏林旧聞録』が記すように、中国古王朝が現在の東北地方へ侵攻した事実は、どうやらこの二度にわたる戦役だけで、しかも、その理由は東北地方についての軍事地理情勢が判然としなかったためであったようである。また、中国側の史書をうかがうかぎり、現在の鴨緑江を渡り現韓国方面へ侵攻した事実は、残念ながらほとんど見いだすことはできない。なお、現在の朝鮮半島方面へ軍事的・政治的に介入をなしえた国家は、そのすべてが蒙古《もうこ》族や満洲族たちによって建国された王朝のみのようである。すなわち、「元帝国」や「大清国」ということである。

蒙古族によって建国され、欧亜にまたがる大版図を有し、最強の統一国の名をほしいままにした元帝国も、現在の韓国の全羅道《ぜんらどう》・済州島を掌握して抗戦した三別抄《さんべつしょう》の鎮圧にはかなりの年数を要している。当初は遼陽行省統轄下の婆沙《はさ》巡検司《じゅんけんし》を置いた丹東《たんとん》一帯、及び慈江道《じこうどう》と咸鏡《かんきょう》南道《なんどう》の境界に沿い、双城総管府を置いた永興《えいこう》辺りまでで、それ以南の地への進出はしていない。

十三世紀初頭、蒙古帝国台頭をさかのぼること千三百七十九年もの昔、中国東北地方の軍事情勢・地理観等をまったく把握していなかったといわれる西漢代、前掲の誤図で示せるような支配権の確立などは、まずおぼつかないことであったと断定せざるを得ない。

『鶏林旧聞録』が記すように、中国東北地方への遠征は、前記したごとく二度のみで、それも現在の吉林省の北界（吉林省農安市の西南の金山堡攻略）と、黒龍江省南部の東京城までで、鴨緑江以南の地区へは入っていない。

思うに、誤図で示されるような歴史解釈は、よく解釈するなら、中国の史学研究者が自国側の史書中に記されていた「朝鮮」を勘違いし、現在の朝鮮半島一帯までと混同した可能性が大であったようだ。

そのような勘違いの史観・史説を、さらに自国に都合の良いように、また、当時、勃興してきた偏狭な国家思想を振りかざしたわが国の史家たちが、改竄偽造の結果、朝鮮半島の歴史と文化を、漢民族の歴史文化の延長上に位置づけ、それが百数十年を経た今日、だれからも疑問視されることもなく、一般的な歴史解釈となり定説となり、常識の原点として浸透定着したものであると著者は判断したい。

第六章　帯方郡の誤解をとく

帯方郡の歩み

東漢末期、遼東《りょうとう》の覇者・公孫《こうそん》氏によって設置されたと伝えられる「帯方郡《たいほう》」について、ここでいささか考察したい。この「帯方郡」とは、旧楽浪二十五県中、南部都尉統轄下の六県と、新設一県の計七県によって構成された。

「楽浪《らくろう》」の南部と東部については既述したごとく、大雑把にとらえて、遼寧省《りょうねい》と吉林省《きつりん》にわたって流れる渾江《こんこう》流域以東、及び長白山地《ちょうはくさんち》一帯が「東部都尉官」の統轄下で、また、遼河《りょうが》流域以東・渾江以西で太子河《たいしがわ》以南地区が「南部都尉官」の統轄下であったようである。

さらに、この広汎にわたった南部の地区は二分され、太子河以南の海城《かいじょう》・蓋県《がいけん》・復州《ふくしゅう》方面が、「帯方郡」と改称されるわけである。

かつて「朝鮮の地」は、西暦前一〇八年以来、漢民族に直接的、あるいは間接的にも支配され、いわゆる「楽浪・帯方時代」といわれる一時期を画した。しかし、高句麗の台頭により、三世紀末から四世紀の初頭に、「玄菟《げんと》」の地とともに「楽浪」地方も併合され消滅した。だが、「帯方」の地は、郡域こそ狭まったが、「楽浪」に後れることおよそ九十五年間は存続した。

注・漢の楽浪郡は、高句麗の南下により四世紀までには併合されている。この郡が復郡されるのは西暦四三九年。楽良郡《らくろう》として遼河《りょうが》右岸の地一帯に置かれたが、いくばくもなく廃郡となっている。

注・百済の台頭により帯方は消滅する。百済は、馬韓五十四国を統合し、さらに勢力を発展させ、帯方から遼西及び現在の北朝鮮領にまで進展する。この世紀は百済の最盛期である。

「帯方郡」は、最後の時期となる十六国時代の後燕《こうえん》の世祖《せいそ》成武帝《せいぶてい》の建興《けんこう》十（三九五）年までは存続した。この時期における治所は、現在の遼寧省熊岳城《ゆうがくじょう》に置かれていたようである。しかして、「熊岳城」以南の遼東半島一帯が郡域であった。しかし、この郡もやがては、「百済国」の台頭とともに吸収併合され、西暦三九五年に終焉を告げることになる。

旧来、「楽浪」とともに、この郡もはなはだ見当違いの所に置かれ語られてきたが、それを正しておきたい。

史書が語る所在

『奉天通志《ほうてんつうし》巻五十三沿革三統部三』では「帯方」について、次のように記載されている。

「按帯方県疑亦在今省境」
帯方県《たいほう》を按《あん》ずるに、疑うらくは、また、今の省境《しょうきょう》にあり。

「帯方郡帯方県」は、もとの「楽浪郡帯方県」であるが、右の記載によると、この県は清朝期の「奉天省」、すなわち現在の遼寧省東部内に存在していたことがわかる。

なお、一説によると、「帯方県」は遼寧東部方面から移動され西に置かれていたとするものがあるが、それは俗説で、『奉天通志巻五十二沿革二統部二』中の記載にこの俗説を否定すべく、左のごとく記されている。

「按帯方県何時西徙、史無明文」

帯方《たいほう》県を按《あん》ずるに、いつの時にか西に徙《うつ》ると、史《し》には明文《めいぶん》なし。

すなわち「帯方県西方移動説」を裏づけるような文献記述は存在しないと、最初から奉天省の南部、遼寧省南部＝遼東半島方面に置かれていたことになる。

また、『山海経巻十二海内北経《せんがいきょうかいだいほっきょう》』中にも、次のように記載されている。

「帯方有列口県」

帯方《たいほう》は列口県《れっこう》にあり。

「列口県」については既述しておいたが、これは現在の遼河《りょうが》・渾河《こんが》・太子河《たいしがわ》三大河川の河口北岸の「営口市《えいこう》」あるいは「営口県」であり、この行政区分は、遼東湾を臨む遼南地区北西部一帯を含む。この遼南地区内に最初から「帯方県」は存在していたことになる。その範囲を図示すると左上のようになる。点線内が「営口市」の区画、黒でぬった部分がその直轄。

ここに図示した範囲内の遼東半島方面に、いうところの「帯方郡」は置かれていたものである。その郡治については判明しないが、『中国歴史地図集』によると、前記したことでもあるが、今日の遼寧省熊岳城に設置されていたようだ。あるいは最初からだったと思う。

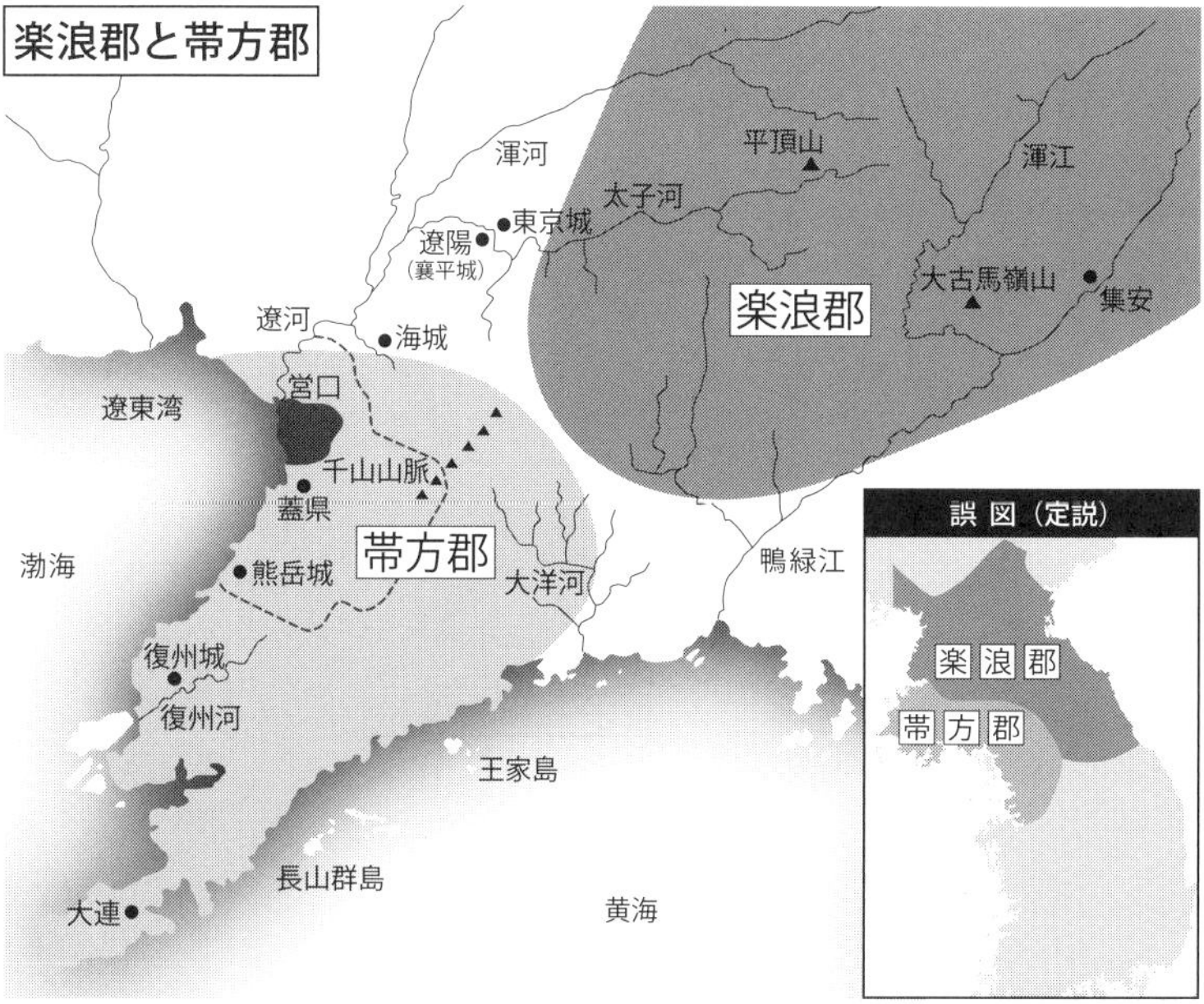

「帯方」の所在範囲は図示したものの、その線引きにおける厳密性は期しがたいものである。州郡の区画がなかなか一様とはいえないことについては、『十八史略巻一陳氏凡例』に左のように記録されている。

「累朝《るいちょう》、州郡の沿革は一《いつ》ならず、ことごとくを述べ難し。今、姑《しばら》く翰墨全書《かんぼくぜんしょ》を以て宗《そう》となす」

「楽浪・帯方」などの郡は無論のこと、諸多の州郡などもかなり複雑、かつ不規則な形で設けられていたので、後世に至り中国の史家たちが累代の史書や地理志編纂に当たり、相当の困難と混乱が伴い苦労した経緯が綴られているものと思われる。

ちなみに、玄菟・遼東などの郡について『旧《く》唐書《とうじょ》』中でも「玄菟・遼東の沿革常ならず」と記しており、また、『資治通鑑《しじつがん》巻百八十一隋紀』

中でも、「漢・晋以来、遼東はみな襄平《じょうへい》に治《じ》すも、蓋《けだ》し城郭は遷徙《せんし》することあり」と、その移動変遷の激しかったことを伝えている。

あやふやすぎる定説

「帯方郡」所在について略述してきたが、旧来の定説では、どう語っているか……。

旧来の定説「西暦二〇七年、魏より襄平侯《じょうへいこう》に封じられた公孫康《こうそんこう》は、遼東方面に侵攻してやまない高句麗・烏丸《うがん》・鮮卑《せんぴ》族を征し、さらに進んで現北朝鮮平安道方面の楽浪郡を掌握した。

だが、この時期、すでに楽浪南部方面は高句麗・濊貊《わいはく》・韓族の侵攻する所となり、郡の名目を保つことができない状態だった。

康は侵略された郡を回復するための兵を興《おこ》し、高句麗・濊貊・韓族を征し、楽浪郡帯方県を中心に、新たに郡を設け、『帯方郡』となした。

現在の黄海南道から、京畿道漢江《けいきどうかんこう》流域一帯にかけて置かれたと推測され、その治所《ちしょ》は『唐土城《とうどじょう》』と呼ばれ、黄海道鳳山郡文井面《ぶんせいめん》にある。

しかし、この唐土城内の学術調査はされていないので、その全貌は明確にされていない。

『帯方郡』はその後、西暦三〇〇年代後半に、百済の台頭により併合され消滅する」

注・西暦二〇七年はまだ康の時代ではなく、その父の公孫度《こうそんたく》の時代である。設郡は二〇七年で間違いない。公孫度は翌二〇八年没。三世紀代、扶余王《ふよおう》の嗣子・尉仇台《いきゅうたい》は公孫度に従属し、馬韓五十四国平定に功を上げ、度に認められ、のちの百済の基礎を作る。

注・帯方の治所は最初から熊津城である。唐土城など記録に現れてこない。

注・百済の台頭は、西暦三六四年から三九五年の間である。『三国史記』の中では、西暦前一八年となっているが、それは高句麗から分離したということで、『三国史記』編纂の段階で古くさかのぼらせたものと思う。

以上のような調子が定説となっている。前記したように、この帯方郡は、広大な郡域となった「楽浪」の南辺が統治不能となったため、旧南部都尉統轄下の六県と新設一県の計七県によって構成されたもので、渤海を臨む遼東半島方面一帯にかけて置かれたものである。「楽浪郡」そのものが、遼河流域以東の長白山地一帯に置かれたものであり「帯方郡」は、その南部を分治したのであるから、現在の北朝鮮方面に位置づけて語ることはできない。旧来の定説・定見は誤りとなる。

また、この郡の治所についても、定説では極めてあやふやであり、ただ漠然と「唐土城」と決めつけて語っている。くり返し言うが、「帯方郡」の治所を今日の朝鮮半島方面に存在したと語ることは、改竄された虚構史説の産物以外の何ものでもない。

「帯方郡」の所在は、最初から遼東半島の「熊岳城」に置かれたものであり、後年、この地から「三国時代」を画す一雄が台頭するが、それは次の項で述べよう。

なお、近時、高麗大学校の史家の間から「漢帝国時代の帯方郡は、漢江流域方面には存在していなかったことが立証された」という見解が出始めていると風聞したが、そもそも、最初から「楽浪郡」が現在の朝鮮半島方面に設置されていなかったのであるから、その南辺を分治した「帯方郡」も存在するはずがなく、見解は正論といえよう。

なお、この帯方郡の設置者については二説あるようで、一般には『三国志魏書三十』の記述により、次の一文をもって諾としているようだ。

「建安中、公孫康分屯有県以南荒地為帯方郡……」

建安中《けんあんちゅう》、公孫康《こうそんこう》、屯有県《とんゆうけん》を分《わか》ち、南荒《なんこう》の地を以て帯方郡《たいほう》となす。……

東漢の献帝の建安年中、西暦一九六年から二二〇年の間、襄平侯・公孫康が設置したことになっているが、次の『晋書《しんじょ》』の記録によると、康の父・公孫度が設置者と記載されている。

「帯方郡、公孫度置。統県七。戸四千九百。帯方・列口・南新・長岑・提奚・含資・海冥・平州初置、以慕容廆為刺史」

帯方郡《たいほう》は公孫度《こうそんたく》が置く。県七《けんなな》を統《す》ぶ。戸《こ》四千九百なり。帯方・列口《れっこう》・南新《なんしん》・長岑《ちょうしん》・提奚《ていけい》・含資《がんし》・海冥《かいめい》、平州《へいしゅう》に初めて置き慕容廆《ぼようかい》を以て刺史《しし》となす。

その記録するところが『三国志』より具体性があるという理由をもって、本論では御撰『晋書』に重きを置きたい。ちなみに、設郡は西暦二〇七年である。

注・晋書に重きを置くとした所以は、撰者・房玄齢《ぼうげんれい》が唐代初期の三大名臣の一人であり、のちに鄭国公《ていこくこう》に封ぜられていて、その叙述に極めて信憑性があるからである。

第七章　意外なる、本当の百済

百済の建国の時期を探る

さて、帯方《たいほう》郡という名称の出たところで、この郡を拠点として台頭した「百済」の国について少しく述べたい。

この「百済」についても、旧来の定説ではかなり歪んだ形で一般に次のように語られている。

旧来の定説「百済の国とは、もと馬韓《ばかん》の属邦の一つで、現在の韓国京畿道《けいきどう》の漢江《かんこう》流域の帯方の地に興《おこ》り、やがて馬韓に代わって帯方郡一帯を支配し、高句麗・新羅とともに朝鮮半島を三分して鼎立《ていりつ》し、ここに三国時代を迎えることになる」

「百済」という古代国家について、以上のような解釈をしている。このような位置づけで「百済」の国の歴史を語ることが、いかに歪曲化されてしまっているかは、先に「楽浪・帯方・高句麗・新羅」の国について既述しておいたので、本論の前半を理解された方は、あるいはすでにご賢察のことと思うが、いかがであろうか。

確かに、「百済」と称された国家は、馬韓の一属邦的存在と伝えられ、また台頭の地も「帯方郡」の一角であったことに間違いはない。しかし、東漢末、遼東の覇者・公孫《こうそん》氏によって設置された「帯方郡」とは、今日の韓国の忠清南道《ちゅうせいなんどう》や京畿道方面ではなかったのである。

既述したように、古朝鮮といわれた中の「衛氏《えいし》朝鮮」とは、漢民族を根幹とし、現在の中国東北地方の一隅に興起した国家であり、今日の朝鮮半島方面ではない。漢帝の郡県進出というのは、中国東北地方への軍事侵攻であり、かつ支配確立を物語るものであった。

だが、楽浪の郡域が東に拡大され、また、周辺諸民族の台頭により、その統治に困難をきたしたため、「楽浪南部都尉管轄地」を分治し、あらためてここを「帯方郡」としたものである。しかし、高句麗から分かれて遼西《りょうせい》方面に進出していた部族が遼西・河北《かほく》の地を撤退し、海路を経て遼東半島方面へ徙遷《しせん》して、韓の一属邦的存在となった。名を「伯済《はくせい》」と『韓伝』は伝えているが、この「伯済」が、のちの「百残」とどう結びつくのか疑問である。「百残」が「百済」になったことは間違いないと思うが、あるいは解釈が逆であろうか。

注・『北史《ほくし》巻九十四列伝第八十二』の記すところによると、「百済」は「索離国《たくりこく》」より出でし、と記されている。「索離国」とはのちの高句麗であるが、いつ分離したのかは不詳。

『旧唐書《くとうじょ》』の伝えるところによると、二世紀末から三世紀の初頭、遼東に自立した公孫度《こうそんたく》が、扶余王《ふよおう》の子・尉仇台《いきゅうたい》に、馬韓五十四国を統合させ、名をあらため「百済」と改称し、やがて強国になった……というが、遼西・河北方面の支配時期がいつであったかは不明不詳。

『三国遺事』中の王統譜では、百済建国を前十八年と記録しているが、これを裏づけるべき中国側の文献記述は見当たらない。また、五世紀代成立の中国史書中にも、その名称を見いだすこともない。したがって、百済建国は早くみても三世紀中末と判断するよりほかはないようである。これは贔屓目《ひいきめ》にみてである。

後世、『三国史記』『三国遺事』編纂の段階で、高句麗と同種同根ゆえ、その始祖を同じくするとみて、あえて古くさかのぼらせた可能性はあるようだ。

周知の「好太王碑」の刻文中に、高句麗側では彼らを「百残」と呼んでいたことがわかる。この「百残」が「百済」となったことは既述したように間違いない事実である。

百済はどこにあったのか①――『史記』と『資治通鑑』

ところで、この「百済国」の所在について、『史記正義括地志《しきせいぎかっちし》』は、次のように記録に留めている。

「百済国西南渤海中、有大島十五所。皆邑落有人居、属百済」

百済国《くだらこく》の西南、渤海中《ぼっかいちゅう》に、大島《だいとう》十五所あり。みな邑落人《ゆうらくひと》ありて居《きょ》し、百済に属す。

この一文は、旧来の説を見事に裏切り、百済という国が、その西南に「渤海」を控えていたことを伝えている。定説を鵜呑みにするなら、現韓国の西南は玄界灘の険のみとなる。

また、『資治通鑑《しじつがん》巻百八十一隋紀《ずいき》五』にも次のような、旧来の定説のみを信じていると不可解となる一文が見られる。

「及隋軍度遼、百済亦厳兵境上、聲言助隋」

隋《ずい》の軍、遼《りょう》を度《わた》るに及び、百済もまた、兵を境上《きょうじょう》に厳《げん》にし、聲言《しょうごん》し隋《ずい》を助《たす》く。

隋の煬帝《ようだい》の大業《たいぎょう》七（六一一）年、隋はかつてなかったほどの無慮《むりょ》百数十万の兵を動かし、大々的な高句麗討伐を行なった。その時、今日の遼寧《りょうねい》省鉄嶺市内（史書に「海屯」と地名あり）の遼河を渡り進撃する隋の軍勢に、百済も境界を固め、しかして、隋軍に声援をおくったという。

重要な記述は「聲言し隋を助く」である。この記述をもって旧来の定説に臨めば、いささか奇妙になりはしないか。なぜならば、定説では百済国を、現在の韓国忠清道から全羅道《ぜんらどう》方面に拠っていた国と位置づけているからである。であるがゆえに、奇妙となり滑稽となる。

遼河上源の「海屯」を渡河進撃する隋軍に、百済はいかようにして韓国方面からやってきて声援をおくりえたであろうか。著者は首を傾げざるを得ない。

旧来の「百済」所在の位置づけで判断すれば、遼河上源地帯の「海屯」までは、優に七百キロメートルを超える距離数がある。このこともまた、百済所在に関する疑問といえよう。

百済はどこにあったのか②――唐の都督府の移動に注目する

『資治通鑑巻二百二唐紀《とうき》十八』の中には次のような一文がある。大いなる疑問が発生するはずである。

「従熊津都督府於建安故城」
熊津都督府《ゆうしんととくふ》を、建安《けんあん》の故城《こじょう》に徙《うつ》す。

隋の煬帝の高句麗出兵の五十二年後、すなわち唐の高宗の顕慶《けんけい》五（六六三）年に百済は滅ぼされ、その地を統治するための都督府が、「百済五方＝五城」の一つ「熊津城」に置かれた。旧来の説では、この府が、現韓国の忠清南道錦江《きんこう》左岸の「扶余」（または、「公州《こうしゅう》」ともいう）に位置づけられ語られている。だが、「熊津城」に置いたこの都督府を、なぜに現在でいう遼寧省のほうの「建安城」などに移動させたのか。「建安城」については次項で述べるが、高句麗が一時領有していた所で、所在は現在の遼寧省北東部方面である。

右のようであれば、唐が征した百済の地を、放棄したことになる。この一事もまた、百済所在に関する問題提起となろう。

定説にいう地理的条件下だったら、唐が何百キロメートルも離れた所への都督府を移動する必要性をどう判断すればよいのであろうか。『資治通鑑』中にいう「熊津都督府」なるものを、遼寧省方面に移動させてしまったということは、現韓国（百済）から完全撤退したということにもなり、やはり不可解なことと言わざるを得ない。

だが、しかし、である。このような疑念も、旧来の百済所在についての定説を、まともに受けて文献記述を照合するから生ずるもので、本論中でとらえたように「百済」の国を位置づけるなら、何の疑問も出てくるはずがない。

すなわち、「百済」といわれた古代国家が、現在の韓国方面に存在したのではなく、現中国の遼寧省南部方面から、やや拡大して鴨緑江《おうりょくこう》以南・大同江《だいどうこう》流域一帯にかけて存在したとみるなら、唐はその都督府を北方に若干移動させたに過ぎないから、何の疑問も出ないはずである。

百済はどこにあったのか③——「建安城」の〝定説〟を直す

いうところの「建安城」あるいは「建安故城」について、先に「楽浪」の項で若干ふれたが、この城塞は西漢代の「平郭城《へいかくじょう》」をいい、のちに高句麗が占拠して名を「建安城」と改称した所である。

では、「平郭＝建安城」所在についての疑問を解いてみよう。

定説ではこの所在を、現在の遼寧省蓋県《がいけん》の西南として語っているが、大きな誤断である。

『晋書《しんじょ》巻一百九載記第九巻慕容皝伝《ぼようこうでん》』に、次のような一文が記されている。

「遇仁於険瀆。仁知事発、殺皝使、東帰平郭」

仁《じん》、険瀆《けんとく》に遇《あ》う。仁《じん》は事の発《あら》われたるを知り、皝《こう》の使《つかい》を殺し、東、平郭《へいかく》に帰《き》す。

鮮卑《せんぴ》族の巨酋・慕容廆《ぼようかい》が西晋の咸和《かんわ》八（三三四）年に没したため、一族の内紛が起こり、慕容皝（前燕《ぜんえん》の始祖）と慕容仁が対立する。たまたま、慕容仁が兵を起こして謀叛《むほん》し、遼河《りょうが》に沿って降ってきた時、慕容皝から遣《つか》わされた使臣と漢帝時代の遼東郡轄下の「険瀆県」で出会った。

慕容仁はその使いを生かして帰すと、己《おのれ》の謀叛が発覚したことになるので、その使いを殺して東にある「平郭」に引き返してしまったことを伝えた一文である。

ここにいう「険瀆県」とは、遼河下流左岸の台安《たいあん》県の東南「新開河」に置かれていた古県である。この県から東側に存在したという「平郭」に引き返したといえば、定説の「平郭＝蓋県方面」説はおぼつかなくなり、方角的にもかなりの食い違いが生じ、南側に下ったことになりはしないか。「新開河」の東側といえば、大雑把にとらえても、遼陽《りょうよう》以北で開原《かいげん》・鉄嶺《てつれい》の間に存在したはずである。

『元史巻五十九志第十一地理二』の記載に次のようなものが見られる。

百済の所在位置（4世紀末から5世紀初頭）

「金升咸平府、領平郭・安東・新興・慶雲・清安・帰仁六県」

金《きん》は咸平府《かんぺいふ》に升《しょう》し、平郭《へいかく》・安東《あんとん》・新興《しんこう》・慶《けい》雲《うん》・清安《せいあん》・帰仁《きじん》六県を領す。

ここにいう金の時代の「咸平府」とは、漢代の「平郭」に同じものであり、後年、泛河《はんが》流域北岸に存在した「古鉄嶺城《こてつれいじょう》」と完葺《かんしゅう》され、現在の「鉄嶺」となる。元の時代「開元路」の所轄となるが、この区域は現在の「鉄嶺市区域」そのものをいう。

この「鉄嶺市区域」内に「平郭」が入っていたからこそ、慕容仁が「東、平郭に帰す」ということも頷けてくる。したがって、定説による位置づけは間違いとなろう。

楽浪郡の項で述べておいたが、「咸平・平郭」

すなわち、「建安」とは、現在の吉林哈達嶺《きつりんこうたつれい》（古の遼山）に源を発し、西に流れ「鉄嶺」の北郊を経て遼河に合流している柴河南岸の「大寨子《たいさいし》」である。

唐は百済を滅ぼし、その統治府を熊津城《ゆうしんじょう》、すなわち「熊岳城《ゆうがくじょう》」から北方の鉄嶺付近の「大寨子＝建安城」に移動させたわけで、現在の韓国方面から、わざわざ遼寧東北部方面に移る必要などなかったのである。なお、この大寨子＝建安城は、今日もその名を留めている。

注・熊津城を現在の遼寧省熊岳城に比定するのは、かつて、この県の河畔に百済建国の始祖といわれる尉仇台《いきゅうたい》の石碑が存在していたことから断定を下した。今日では、韓国公州の地に移されている。これは、既述したように、旧日本軍と御用学者がなした暴挙改竄である。

百済は西方にも領土があった、という怪

『魏書巻百・百済伝』中に次のような不可解な一文がある。これをどのように解釈すべきか、史家に問いたい。

「去庚辰年後、臣西界小石山也」

庚辰《こうしん》の年を去る後《のち》、臣《しん》が西の界は小石山《しょうせきざん》なり。

この一文は、北魏第六代高祖孝文帝《こうそこうぶんてい》の延興《えんこう》二年、すなわち西暦四七一年一月、百済第二十一代蓋鹵王《がいろおう》・扶余慶《ふよけい》が、東北より侵攻する高句麗に悩まされ、北魏に援を請うべく孝文帝に奉った上奏文の一節である。この短い記述こそ、旧来の百済国所在説に大いなる疑問を投じかける決定的な存在となる。

五世紀も後半に入り、百済の王自らが「臣が西の界は小石山なり」などと、百済国に西方界域があったことを、北魏の皇帝に出した上奏文中で訴えているということは、旧来一般的に語られている百済の位置づけそのものを、再考察する必要がありはしないだろうか……。

新羅と百済は疑問だらけの国家である。

定説では、「百済」とは現在の韓国西部方面に興起《こうき》した国として語られている。このような地理的条件下に存在していたなら、百済には最初から主張に値する「西方界域」などは認められず、あるのは黄海《こうかい》の波のみであろう。

それなのに、あえてその疆域《きょういき》を主張しているということは、旧来の定説を見事に裏切り、主張に値する境界線が存在していたことを物語る。逆にみるなら、「主張界域の東側に百済は存在していた」と言えはしないか。定説は極めて疑問である。

なお、「小石山」とは、現在の遼寧省《りょうねい》西部の医巫閭山《いふろざん》（古《いにしえ》の幽州《ゆうしゅう》の鎮山《ちんざん》）の南麓・大凌河《だいりょうが》下流の「盤錦市《ばんきん》石山県」をいう。ここはまた、かつて「遼東郡西部都尉官統轄地」であった所。

百済の所有した二郡「遼西・晋平」を探る

『梁書《りょうしょ》巻五十四列伝第四十八』の中に、百済所在について、左のような記載が見られる。

「其国本与句麗在遼東之東。晋世句麗既略有遼東、百済亦拠有遼西・晋平二郡地矣、自置百済郡」

その国、もと句麗《くり》と遼東《りょうとう》の東にあり。晋《しん》の世《よ》、句麗すでに略して遼東を有し、百済もまた、よって遼西《りょうさい》・晋平《しんへい》二郡の地を有し、自ら百済郡を置く。

注・『梁書』は唐代成立の文献ゆえ、百済と表記しているが、『梁書』の成立以前には百済の名称は現れてこない。また、対外的に国名を百済と称したのは、西暦五〇二年からであるので、それ以前はどのような名称であったのか多大な疑問が出てくる。

晋の世とは、西晋の武帝《ぶてい》から東晋の恭帝《きょうてい》の間、すなわち西暦二六五年から四二〇年の間をいう。この世紀、高句麗が略取した「遼東郡」については、あらためて言う必要はないが、百済国が領有したという「遼西・晋平」などの二郡、及び「百済郡」は、旧来わが国の史家たちは言及していない。よって少しく考察しておく。

いわゆる「遼西郡」というのは、時代王朝の推移変遷で、かなりの変動が見られるが、およその目安としてとらえるならば、河北《かほく》省北部の灤河《らんが》下流以東及び、遼寧省西部の大凌河《だいりょうが》（古《いにしえ》の白狼水《はくろうすい》）流域一帯の地で、この範囲が「遼西の地」、あるいは「遼西郡」と称されている。

なお、この郡の治所も変遷がはなはだしく一定していないが、西漢代なら大凌河中流右岸の義県の西方二十キロメートルの地の「陽楽《ようらく》県」に置かれており、現在の遼寧省錦州市劉龍台に推定されるようである。

しかし、「晋の世」、すなわち三世紀後半から五世紀における「遼西郡」は、遼寧省西部の沙《さ》河站《がたん》以西、河北省北部の灤南および長城以南の地に縮小され、漢代の三分の一ぐらいになり、治所の「陽楽県」は河北省盧龍《ろりゅう》の東に移動されている。その範囲を147頁の図で参照いただこう。

百済が北魏の皇帝に主張した「西方界域」という「遼西の地」と、さらに「晋平郡《しんへい》」と称す所を明確にするだけでも、旧来一般の定説によって百済の所在を勘案すると、かなり奇妙になる。

「遼西郡」の範囲は図示した所から判断を乞うとして、では「晋平郡」とはどの辺を称したものであろうか。

『通典巻百八十辺防一東夷一』に左のような記述が見られる。

「百済亦拠有遼西・晋平二郡。今柳城・北平之間」

百済、また、よって遼西《りょうさい》・晋平《しんぺい》二郡を有す。今、柳城《りゅうじょう》・北平《ほくへい》の間《かん》なり。

この「柳城」とは、もと西漢代の遼西郡西部都尉治の置かれた所で、大凌河中流右岸に存在したが、西晋の太康《たいこう》二（二八一）年にその対岸（今の朝陽《ちょうよう》）に移され、名を「龍城《りゅうじょう》」と改められた所である。

また、「北平」とは、漢代の「右北平郡《ゆうほくへいぐん》」のことで、西晋代に入り、「北平」と改められた所である。所在は現在の河北省唐山《とうざん》市遵化《じゅんか》周辺一帯の地区を指称する。

これで百済国が有したという「遼西・晋平」二郡の地が判明したわけであるが、五世紀に至るまで、百済がこの方面をも領有していたとすれば、三国興亡の史実が「定説」では解釈不可能となる。

なお、百済が置いたという「百済郡」については、その所在が定かではない。

単なる推測ではあるが、あるいは「昌黎郡《しょうれい》」の置かれた所ではなかったかとも思える。大凌と遼河の間か……、後年の遼東属国の可能性あり。

注・百済の西方界域に対し、東の界域が存在する。すなわちその東方には金剛山が存在していた。ゆえに百済最盛期には、ほぼ現北朝鮮の北方が含まれていたことになる。高句麗領はその北方、すなわち鴨緑江以北の地帯である。丸都山城《がんとさんじょう》を中心とする卒本《そっぽん》地方をいう。

「七支刀」の謎——定説への疑義

いわゆる高句麗・百済・新羅などが鼎立《ていりつ》していた時代を「三国時代」という。そのうち、高句麗と新羅の国についての是是非非は既述してきたが、ここでまた、「百済」といわれた古代国家に多大な疑問が出てきた。

旧来、これら三国の台頭から滅亡期に至るまでの地を、「新羅」は一応省くとして、現韓半島方面に高句麗・百済を位置づけて古代北東アジア史を語っている。しかしながら、そのような形で位置づけて語る史説は、今から百何年かの昔、当時のわが国の権力体制下に庇護された御用学者たちが、自国に都合の良い解釈をするため、改竄偽造や遺蹟の破壊と移動などにより歪曲化した史説であり、いわばまったくの虚構史観にしか過ぎない。

定説で説くところの「百済」といわれた国家も、その範疇を出るものではないようである。その第一の疑問は、すでに周知の事実でもある、いわゆる「七支刀《ななつさやのたち》」の銘文解釈をめぐる各種の見解である。

旧来、この「七支刀」の銘文は、わが国の『日本書紀巻第九・気長足姫尊・神功皇后』の項の記述から、神后摂政《じんこうせっしょう》四十九（三六九）年に、「百済国」の要請を受け、「大和朝廷」が半島出兵させたことへの謝礼として献上されたものと解釈する傾向が強いが、このような附会は多大な疑問を浮上させてくる。

四世紀の後半、百済国は第十三代近肖古王《きんしょうこおう》の治世時で、高句麗とは確かに戦闘状態が続いていた。しかし、この時期、百済は高句麗の城塞を各地で攻略し連戦連勝の勢いで、まさに強盛期であった。この百済の強盛な軍事力の前に、高句麗第十六代故国原王《ここくげんおう》は、その国都「平壌城」内で捕らえられ首を刎《は》ねられる結末になっている。

このような強盛期にあって、なぜに「大和朝廷」に出兵要請などする必要性があったのか、これが疑問とする一つである。仮に、である。出兵要請などに応じたとして、現在の韓国方面へ赴いたとしても、茶番劇にもなりはしない。なぜならば、この世紀、百済は現韓国から七百キロメートルもの隔たりのある遼東方面で戦っていたのである。

次に、もう一つの疑問。「大和朝廷」の半島出兵後、西暦三七二年、百済は大和朝廷に臣従し、いわゆる「七支刀」をその証として献上したという。しかして、この証の献上された側を「倭国」と解釈しているが、この世紀は、「倭国」より「百済」のほうがランクが上のはずである。仮に、である。「倭＝大和朝廷」と見なしたとしても、それは献上でなくて、返礼ぐらいにみたほうが正解と思う。ただ、この「七支刀」を受けた存在が、間違いなく「大和朝廷」であったか否かは、逐次考証していきたい点である。

次いで、西暦四〇〇年代初頭に入り、百済は再び高句麗と抗戦状態に入った。高句麗第二十代長寿王《ちょうじゅおう》・璉《れん》の時代に至り、百済は鴨緑江《おうりょくこう》以南へと敗退し、先の戦いで掠《かす》め取った「平壌」を四二七年に取り戻され、おおいに敗北を喫した。しかして、百済の国運が衰えてゆくのを見た「大和朝廷」が、「加羅国《からこく》」すなわち「伽耶《かや》」の西方・現韓国忠清南道南岸の「公州」の地を与え、百済を再興させたといわれる説、これもはなはだ訝《いぶか》しい話の一つとなる。

公州の地を分かち与えた西暦四七五年の四年前に、百済王は自らの「西方界域」の主張を、中国華北統一の北魏王朝と対等に交渉しており、百済は国運が衰えるどころか、「平壌城」を奪還したくらいの強盛であった。

くり返して言うが、百済国所在の旧来の定説に依拠して、この辺の事情をうかがうと、まったくといっていいほどに理解不能となる。ましてや、現韓国の忠清南道の「公州」に拠点を置いていたとするなら、最初から百済には主張に値する「西方界域」などは存在せず、まったくの戯言《たわごと》としか受けとれまい。

百済国が定説で語るような地理的条件下にあったとしたら、どのような角度から考え、かつ眺めても「西方界域」などは存在せず、ましてや、遼西省方面を「西方界域」と称すなど、笑止の沙汰以外の何ものでもあるまい。この辺の事情をわが国の史学者は、どのように受けとめ、どのように釈明するのであろうか。著者は、その釈明の程を待つ一人である。

舞台は広大無辺の天地だった

さて、高句麗・新羅に次いで、百済の所在について問題を提起してみたが、総括りとして一言を付してみたい。これら三国時代、それぞれの国の興亡盛衰の舞台は、時代の推移で若干の変動は見られるが、新羅は除いてみると、高句麗は吉林省から遼寧省東部に威を振るい、一方、百済は遼西方面一帯に拠っていたが、「前秦（氐《てい》族の建てた国）」との存立競争に後れをとり、遼東半島方面に徙遷《しせん》し、やがて遼東半島一帯から黄海一円、及び現在の北朝鮮の北西部方面を経略してゆく。

新羅の国は、同じく北方発祥であったが、高句麗・百済の台頭に圧迫され、鴨緑江以東以南へと移り、太白山系に沿い存立の場を求め、逐次南下してゆき、やがて現在の朝鮮半島最初の統合者となってゆく。その発展過程で、「伽耶＝倭」は吸収合併され、歴史の舞台から消えていく。西暦六七六年のことである。

注・六七六年以後は、日本をも倭の別種あるいは倭と見なしてもよいという意見もある。だが、このように見なすことにも、やや無理なこじつけがある。

付け足して言うならば、高句麗・百済及び新羅三国などが、中国歴代王朝に拮抗し、歴史上もっとも輝かしい足跡を遺した活躍の舞台は、河北省以東の旧満洲と現朝鮮半島を包括する広大無辺の天地である。この広大な地を疾駆し、砂塵万丈と蹴立て古代北東アジア史の一時期を画したもので、定説で語られるがごとき、朝鮮半島内に限定した矮小な史実ではなかったのである。

余事ながら、朝鮮半島内において、骨肉相食《あいは》む悲惨な歴史の開幕は、明治二十七（一八九四）年、李朝下の一地方官僚の暴政に激昂した民衆が決起（世にこれを「東学党《とうがくとう》の乱」という）し、朝鮮当局が、この乱を鎮定できず、日本と清国に出兵要請をしたことから始まり、やがて日本側では、偽史完了の大団円を迎えることになる。

この乱は幾許《いくばく》もなく終息したが、それに伴い、日・清両国は撤兵することになっていたにもかかわらず、清国は朝鮮を属邦扱いにし、日本こそ撤退すべし……との強引な外交に出た。その結果が「日・清談判」の決裂となり、明治二十七（一八九四）年八月、日本はついに宣戦布告し、朝鮮を支配下に置いた。

閑話休題《はなしはさておき》、旧来、「古朝鮮」の所在地を誤認して語り出したことで、以後に続く古代北東アジア史全体に歪みが生じ、また、個々の歴史像をも歪曲化させ、その歪曲史観や史説の類などが今日に定着し、だれも疑問視することもない。また、その歪みを指摘し糾弾した者も、著者は不勉強にして知らない。

しかも、である。そのように虚像化された史観は、アカデミストたちに継承され、それがあたかも不動の定説のごとく、知識・常識の原点であるかのごとくにまかり通っている。そして、その史説を基盤として、いわゆる『魏志倭人伝』などに取り組むため、いろいろなところに疑問が発生していても、その疑問を関知することすらできないでいる。さらに、この伝記そのものが古代日本のある時期の史実であったかのごとく錯覚せしめ、今日に至るまで、結論の出ぬ無駄な論議が尾を引いているのであろう。何らかの考古学上の発掘発見物が出るたび、この種の議論が頭をもたげ、マスコミ紙面も花盛りとなるのは度々のことで、結果は、いつのまにか沙汰止みとなり、うやむやで終わる。

第八章 「倭」のカギを握る「前三韓」——馬韓・辰韓・弁韓

裏づけるべき文献を持たない旧来の定説

馬韓《ばかん》・辰韓《しんかん》・弁韓《べんかん》（弁辰《べんしん》ともいう）などを、「前三韓」と称し、後世の高句麗・百済・新羅三国を「後三韓」とも称している。

だが、「前三韓」と「後三韓」を比較すると、「前三韓」が群小ポリスの集合体的存在であったのに対し、「後三韓」の規模と活躍の舞台は、極めてスケールの大きな存在であり、「前三韓」とは比較の範疇にならない。

前述したことだが、「後三韓＝三国時代」の活躍の舞台は、現在の中国東北地方（旧満洲）から、現在の朝鮮半島を含む広大無辺の大地であり、「前三韓」のそれは、限られた区域内での内紛抗争史に過ぎなかった。しかし、その興亡盛衰を賭けた地の大なると小なるとにかかわらず、後述する「倭・倭国」とはどの方面を総称したのかを把握するためには、「前三韓」がどこに割拠していたのか、是非とも所在を突きとめなければならない最大重要事の一つなのである。その正確な考察が必要となってくる。そこで例によって、旧来、わが国ではこの「前三韓」についてどのように語っているか、その概略をみておこう。

旧来の定説「古朝鮮南部方面の種族を、中国古文献中では『三韓』と称し、『韓に三種あり』といい、馬韓・辰韓・弁韓（弁辰ともいう）に区別し、この区別はだいたい、言語・習俗などからきたもので、馬韓と辰韓との差違はやや著しく、弁辰は辰韓に近似したものであった。しかし、この区別は、やがてそれぞれの住む地域の区別になり、『三韓』という総称は南部朝鮮の、さらに朝鮮全体の地理的称呼として用いられた。

三世紀半ばの中国史書『魏志東夷伝』によれば、馬韓は五十四国からなり、今日の韓国京畿《けいき》道《どう》から全羅南道《ぜんらなんどう》にかけての地方にあり、辰韓は十二国で、慶尚北道《けいしょうほくどう》地方にあり、弁辰もまた十二国からなり、慶尚南道地方にあった。

韓諸国の産物のうち、もっとも有名なのは辰韓の鉄で、この鉄は当時すでに貨幣のごとく使用され、北東の濊《わい》族や東海の倭国（古代日本）も来て採り、また、北西隣の帯方《たいほう》郡にも供給した。

韓族が政治的統一の点で非常に後れ、長く八十余の部族国家の分裂状態に止《とど》まったのは、この地方があるいは直接、あるいは間接的に、北部朝鮮に置かれていた中国の郡県（楽浪《らくろう》・帯方）の支配下に属し、しかも、郡県が積極的に韓諸国の統一を妨《さまた》げたからである」

注・右記の記述を裏づけるべき文献は存在しない。

以上のような調子で、三韓それぞれの政治的文化的特異性を語っている。確かに馬韓・辰韓などの「前三韓」は、古朝鮮の南部地方に群拠した部族国家ではあった。

しかし、わが国で一般的定説となっている、いうところの「古朝鮮」そのものの存立地をまったく見当違いの所に位置づけて語っているわけであるから、話の外と言わざるを得ない。

したがって「三韓」そのものの位置づけも、「古朝鮮」の誤りに続いてなされているので、これまた存在もしなかった所に位置づけて歴史を語らざるを得なくなっている。

先に「古朝鮮」の中で、「衛氏《えいし》朝鮮」の所在地については考察しておいたので、この古代国家がどこに存在したかは、ここであらためて言う必要はないであろう。「衛氏朝鮮」は今日の朝鮮半島の北西部方面に存在した国ではないのである。したがって、「前三韓」そのものも、どこに拠っていたのか、おのずと判明するはずである。

前三韓の割拠地

では、正しくは「前三韓」とは、どのような形でどこに拠っていたのであろうか。中国の史書古典中の記述から、その所在を詮索してみよう。

『後漢書《ごかんじょ》巻八十五東夷列伝』の記述によると、いわゆる「馬韓」は、漢の時代に設置された楽浪郡の南に「接して」存在したと、また『三国志巻三十魏志韓伝』中では「韓」は帯方郡の「南方に」拠っていたと記している。しかも、「界接」してである。

これらの郡については既述したように、旧満洲方面（現中国東北地方）に置かれたもので、今日の朝鮮半島内に置かれたものではない。楽浪郡とは遼河《りょうが》以東長白山区《ちょうはくさんく》一帯、また、帯方郡とは楽浪南部統轄下の諸県を分治したもので、現在の遼寧海城《りょうねいかいじょう》市以南地区である。

したがって、これらの郡域の南ということは、遼東半島方面に、いわゆる「韓」が存在していたことになる。では、これらの「三韓」は遼東半島方面に、どのように拠っていたのかを考察する。

『後漢書巻八十五東夷列伝第七十五』の中から「韓伝」の記述を検討してみよう。

「韓有三種、一曰馬韓、二曰辰韓、三曰弁辰。馬韓在西、有五十四国、其北与楽浪、南与倭接。辰韓在東、十有二国、其北与濊貊接、弁辰在辰韓之南、亦十有二国、其南亦与倭接。凡七十八国、伯済是其一国焉……」

韓に三種あり、一に馬韓といい、二に辰韓といい、三に弁辰という。馬韓は西にあり、五十四国を有し、その北は楽浪《らくろう》と、南は倭と接す。辰韓は東にあり、十有二国、その北は濊《わい》貊《はく》と接す。弁辰は辰韓の南にあり、また、十有二国、その南、また倭と接す。凡《おおよ》そ七十八国、伯済《はくさい》これその一国か……。

注・『三国志巻三十魏志東夷伝・韓伝』においては、韓が帯方の南にあり……と記載されている。帯方とは海城市以南の遼東半島方面。ゆえにこの韓がどこにあったか極めて明確になる。

注・馬韓の一属邦の伯済が、のちの百残＝百済とどう結びつくのか極めて疑問。

この記述から推察していくと、「馬韓」は遼東半島の背嶺千山《せんざん》山脈以西に、また、「辰韓」と「弁辰」は、その東側に存在していたといえる。だが、これら「三韓」の中、「馬韓」の領域の大きさから勘案すると、あるいはその界域をやや拡大してとらえる必要があるかもしれない。

その時の界域は、千山山脈の東側を流れる硝子河《しょうしがわ》・大洋河《たいようがわ》流域辺りまでとみることが可能かと思われる。もっとも、大きいといっても韓全体で「方四千里」程度である（171頁参照）。

ここで「方四千里」について少しく説明しておきたい。一般に「方何百里・方何千里」などというと、その国土の界域を一巡した距離数と考えがちだが、それはまったく違うのである。

ちなみに、『漢書』中、初唐の学者・顔師古《がんしこ》の注に「規方千里、則四面五百里也」とあり、また、『中国古代史』中においても、「方四千里は、すなわち四面で二千里なり」と記されている。したがって文献中に記載のある距離数の二分の一が実数であったといえよう。

ゆえに、「方四千里」とは、周囲一巡した距離数が七百五十キロメートル程度、一辺が百八十七キロメートルどまりで、この距離数なら遼東半島内で充分に収まりのつくものとなろう。

ところで、前掲『東夷伝・韓伝』中の一文、「馬韓と辰韓の南は倭と接す」という記述を覚えておいてもらいたい。この記述はのちに重要な位置を占めてくることになるからである。

辰韓の北に接する「濊族」の拠点と実力

なお、「辰韓」の北に接す「穢族＝濊族」についてだが、『長白征存録《ちょうはくせいぞんろく》』中において次のように記録している。

「濊、我国古代北方少数民族名。依濊水而居。濊水在今遼寧省鳳城以東」

濊《わい》は、わが国古代の北方少数民族の名なり。濊水《わいすい》に依って居《きょ》す。濊水は今の遼寧《りょうねい》省鳳 城《ほうじょう》以東にあり。

注・鳳城以東に二つ河川あり。その一つは蒲石河、また一つは渾江《こんこう》。この中のいずれであるか、著者は渾江と見なしたい。濊貊族は不耐濊城《ふたいわいじょう》を拠点としていたがゆえである。

旧来一般に、この「濊族」の割拠地を、現在の北朝鮮の江原道《こうげんどう》に位置づけて語っているが、この位置づけはまったくもってナンセンスである。右の記述からもわかるように、「濊水」という河川は、現在の北朝鮮には存在していないのである。

先に第四章で、高句麗の「丸都山城《がんとさんじょう》」について述べたが、この山城の別名が「濊城＝不耐濊城」であり、後年「楽浪郡東部都尉治」の置かれた所である。それがどこであったかについても、先に述べておいたが、あらためて言うなら龍崗山《りゅうこうざん》の南麓「板石鎮」である。のちに高句麗が拠って「尉那巌 城《いなげんじょう》＝丸都山城」と改称した所である。

この河川を挟んで「濊族」が割拠していたことがわかる。『長白征存録』中に記されている「濊水」という河川も判明するであろう。すなわち、現在の「渾江」ないしはその上源の支流である「哈泥河（別名、泥河）」の可能性も考えられる。

ところで、この「濊貊族」と連ねて記載されてくる種族と、中国漢王朝との係わりはかなり古く、「漢・楚分争の乱」の時、「濊族」は漢に味方し、沛公《はいこう》劉邦《りゅうほう》の許へ騎兵を派遣《つか》わして漢に助力している。

また、時代が降って、西漢・武帝の元朔元年すなわち西暦前一二八年、族長「濊君南閭等《わいくんなろと》」が二十八万の民を率い漢に従属した。この種族の何たるかについて『三国志・後漢書』に次のように記載している。


「其耆老自謂与句麗同種。言語法俗大抵相類」

その耆老《きろう》、自ら句麗《くり》と同種という。言語法俗《ほうぞく》、大抵《おおむね》あい類《たぐい》す。


「濊族」の古老が自ら語って言うには「高句麗」と同種であると。この一文から推察すれば、単に族名を異にしていたに過ぎなかったようだ。この例は後年の「挹婁《ゆうろう》・勿吉《もっきつ》・靺鞨《まっかつ》・渤海《ぼっかい》」（注・すべて「モルキー」あるいは「メング」と読む）などが同種で、その時代や拠るところによって俗名を異にして記載されたに過ぎない。

遼寧省東部の靉河《あいが》以東、渾河《こんが》流域左右千里の地を「卒本《そっぽん》地方」というが、この地一帯に拠っていた一派が北上し「扶余《ふよ》」と名を変じ、また、「扶余」から分離南下した一派が「高句麗・百済」と時代を経て名を現してきたもので、この種族はすべて同種同根である。姓はすべて「解《かい》」である。

武帝の元朔年中、「濊君南閭等」が漢に従属してくるが、それは「朝鮮王」の暴政に抗したためで、漢を後ろ楯とし朝鮮を討伐すべく、漢と約し「兵仗《へいじょう》」と「濊王之印」を授けられ、朝鮮を伐った後は「濊王」が統治する約束になっていたという。

しかし、漢はその約定を反故《ほご》にし、「朝鮮の地」を自らの直轄地となし、郡県を進出させてしまったために、「濊君南閭等」は憤慨のあまり自刎《じふん》してしまったという。

この漢の裏切り行為に激怒した嗣子「蔚祥等《いさと》」は、兵を興《おこ》し遼東一帯を焚掠《ふんらく》し、時の遼東の太守を血祭りにあげ、国を挙げて北方の「扶余」へと入ってしまう。この事変以後、漢は前にも増して「扶余」に苦しめられることになり、ひいては累代中国王朝も例外ではなかった。扶余は以後「大夫余国」となる。

注・『三国志・扶余伝』に「今も、扶余王の庫に玉璧《ぎょくへき》・珪《けい》・瓚《さん》・数代の物あり。世に伝えて以て宝となす。耆老《きろう》、先代の賜う所なりという。その印文を『濊王の印』という。国に故城あり濊城と名づく。蓋《けだ》し、もと濊貊の地にして、扶余その中に王たり……」と記されている。

これらの宝物と「濊王の印」は、かつて武帝の元封年中、蔚祥等《いさと》が扶余に持ち込んだ証左である。以後、扶余が「濊王の印」を蔵していたと伝う。後世、遼東の公孫度《こうそんたく》もついに取り上げることはできなかったようである。

ところで、「濊族」の君長を『漢書』中では、「濊君南閭《わいくんなろ》」と記しているが、これは一字が抜けている。正しくは「南閭等《なろと》」で、その姓は「解《かい》」、満洲語で「アクリ」と発音するという。したがって、本来は「解南閭等《あくりなろと》」で、その嗣子は「解蔚祥等《あくりいさと》」となるはずである。

注・解蔚祥等の「祥」は、また、「祚」とも書く。

高句麗もその始祖「朱蒙《しゅもう》」から第五代慕本王《ぼほんおう》まで「解」を姓としており、百済もまたしかりである。高句麗が「高氏」を、百済が「扶余氏」を姓とするのは後世のことであるようだ。

濊族がどこに拠っていたかがわかってくれば、「辰韓」がどの辺りで北界を接していたか、そのおよその推測はつくはずである。

遼東半島での馬韓の南限を探る

では「馬韓」の南界はどの辺りにとらえられるであろうか。

『金史巻八十列伝第十八』に次のような記述が見られる。

「蘇・復州叛、衆至十万。旁近女直皆保太尉胡沙家、築塁為固…中略…告急於阿里。阿里赴之、内外合撃之、破其衆於闢離密罕水上、勦殺幾尽。水為之不流、蒲離古胡什吉水・馬韓島凡十余戦、破数十万衆。契丹・奚人聚舟千艘、将入于海。阿里以二十七舟邀之、中流矢、臥舟中、中夜始蘇。敵船已入王家島」

蘇《そ》・復州叛《ふくしゅうはん》し、衆《しゅう》十万至る。旁《かたわら》は女直《じょるちん》に近く、みな太尉《だいい》・胡沙家《こさけ》を保ち、塁《るい》を築き固《かた》めとなし…中略…急を阿里《あり》に告ぐ。阿里これに赴《おもむ》き、内外合《がっ》してこれを撃ち、その衆を闢離《ひり》密罕水《みかすい》の上《ほとり》に破り、勦殺《そうさつ》して幾《ほとん》どを尽《つく》す。水、これが為に流れず、蒲離古胡什吉水《ふりくこじゅちすい》・馬韓島《ばかんとう》に凡《おおよ》そ十余戦、数十万の衆を破る。契《きっ》丹《たん》・奚人《けいじん》ら、舟千艘を聚《あつ》め、まさに海に入らんとす。阿里は二十七舟を以てこれを邀《むか》えるも、流矢《りゅうし》に中《あた》り舟中《しゅうちゅう》に臥《が》し、中夜《ちゅうや》はじめて蘇《よみが》える。敵船すでに王家島《おうけとう》に入る。

注・女直＝女真。ジョルチンと読む。満洲民族の古称。

金帝国の台頭の初期、旧遼朝の残党が、蘇州・復州によって乱を起こしたため、金の将・阿里が鎮定に乗り出したことを伝えた一節である。

重要なところは、その転戦経路である。すなわち、「闢離密罕水〜蒲離古胡什吉水〜馬韓島」であり、最終戦が「王家島」というところである。

いうところの「闢離密罕水」とは、明代に入って「畢離河《ひりがわ》」と改称された、現在の遼東半島南端に存在する「碧流河《へきりゅうがわ》」であり、また、「蒲離古胡什吉水」とは、現在の「復州河《ふくしゅうがわ》」の満洲名である。また、「王家島《おうけとう》」とは、遼東半島南端・大連《だいれん》市区域の長山海峡に点在する「王家島」そのものである。

阿里のこの軍事行動上の転戦経路を、『遼寧省地形図』の中で辿ってみると、「碧流河」から、「復州河」へと至り、そこからさらに追って海路進撃できるところは、現在の復州湾に横たわる「長興島《ちょうこうとう》」以外には存在しない。

しかも、この島嶼《とうしょ》から舟で追って、「王家島」に至っていることである。十二世紀の金の時代に入って、以上のような転戦経路上、「王家島」に至る手前の島嶼「長興島」を、あえて「馬韓島」と呼んでいることは、かつて古《いにしえ》の「馬韓」領が、「復州湾」辺に及んでいたことを物語るものの証左といえよう。

この事実を帯方郡所在考察のところと併考すれば、「三韓」の領域を遼東半島方面にとらえたことは、ほぼ間違いなかろう。なぜならば、これら諸韓国は、遼東の公孫氏の支配下に入っていたからである。

以上を図示してみよう。「前三韓」そのものの割拠情勢も判然としてくる。

おおよその線引きではあるが、図示したような状態で割拠していたものではなかろうか。な

お、「辰韓」と「弁辰」の境界については、「馬韓と雑居す……」との記録があるところから判断すれば、これら二国の境界は不明である。

近時、聞き及んだところによると、わが国史学界の中には、「漢時代の古朝鮮支配と郡県設置は、遼東方面らしく、現在の朝鮮半島方面への支配権確立までは至っていなかったようだ」との見解があるが、こと「三韓・三国」の史実解釈になると、すべてを朝鮮半島に位置づける矛盾を犯している。

古朝鮮とは、中国東北地方に存在した国であり、すなわち「満洲経略」の結果、西漢は郡県進出を謀ったものであり、現在の朝鮮方面ではないゆえ、「三韓・三国」をも、現在の朝鮮半島には位置づけられないのである。

漢の四郡はもちろん、後の帯方郡も朝鮮半島方面には、最初から存在していなかったのであるから、漢の郡県区域を舞台として興起した「三国」中、とくに高句麗・百済などの史実をも、現在の朝鮮半島方面へ持ち込むことは、少々無理な附会となろう。

一つの事実を見間違って語り出すと、後に続く歴史像をも大きく歪め、その歪んだ歴史解釈が現在に至るまで受け継がれ、しかもそれが定着してしまった。倒行逆施の感がある。

三韓の発祥の地を探る

やや話が逸れるが、ここで少しく述べておきたいことがある。「三国時代」の中の高句麗・百済などの発祥の地について先に若干ふれておいたが、馬韓に代表される「前三韓」発祥の地については、まったく語られていないようである。よって、ここに疑問を提起する。

旧来から一般的知識として、「前三韓」とは、現在の韓国方面に興りそのまま土着した勢力であるとし、時代の推移で「三韓」の形に鼎立《ていりつ》していったかのごとく語られているが、このような位置づけで語るには疑問がおおいに出てくる。

『奉天通志《ほうてんつうし》巻二百四十芸文志十八』中に、その疑問をさらに募らせる記述が存在する。すなわち、「三韓訂謬」と題し左のようにある。

「考三韓建国本末諸史率多牴牾以方位準之蓋在今奉天東北吉林一帯」
三韓建国の本末を考うるに、諸史《しょし》は率《おおむ》ね牴牾《ていご》多し。方位を以てこれを準《ただ》すに、蓋《けだ》し今の奉《ほう》天《てん》の東北、吉林一帯《きつりんいったい》にあり。

解釈すると「三韓といわれた国々の建国地について考察してみるに、諸々の史書中の記述には、食い違いや互いに相容れざるところが多大だが、建国地を、方位をもってただしてみると、今日の奉天《ほうてん》（遼寧省東部）の東北、及び吉林省一帯地区に発祥したようであった」という。馬韓・辰韓・弁韓などと称された「三韓」の発祥の地も、のちの高句麗・百済や新羅と同じく、大長白山地区だったことになる。後年、遼の時代に入って、現在の吉林省柳河県を中心とし、「韓州」というものを置いたが、あるいはその附名の起因も、故事を案じてのことではなかったかと考えられる。

「韓」の本来の意味とは――汗と韓

次に、「韓」という名称についてだが、これは一般的常識として、国名・人名と認識されているが、この「前三韓」の「韓」については、『欽定満洲源流考全輯巻二』中において、それは人名・国名ならざることを、次のように記録している。

「陳寿魏志直云韓地韓王魚豢魏略且以為朝鮮王準冒姓韓氏其為附会尤甚蓋国語及蒙古語皆謂君長為汗韓与汗音相混史載三韓各数十国意当時必有三汗分統之史家既不知汗之為君而庸鄙者至譌韓為族姓」

陳寿《ちんじゅ》の魏志《ぎし》はただちに韓地韓王をいう。魚豢《ぎょかん》の魏略《ぎりゃく》は且《まさ》に以て朝鮮王準《じゅん》、姓韓氏《かんし》を冒《おか》すとなす。それ附会《ふかい》となすこと、もっともはなはだし。蓋《けだ》し国語および蒙古《もうこ》語は、みな君長《くんちょう》を謂《い》いて「汗《かん》」となす。「韓」と「汗」との音が相混《あいまじ》る。史は三韓各数十国を載せるも意は当時、必ず「三汗」あり。分かちて統《す》ぶるも、史家は、すでに、「汗」の君《きみ》たるを知らず、庸鄙《ようひ》なる者、譌《いつわ》りを至し、「韓」を族姓となす。

この記述の解釈とその是非の弁別は、識者に委ねる課題としたい。一つの問題提起となるはずである。「前三韓」もこれまた、現在の韓国方面の土着勢力ではなかったことを伝えているものであろう。

第九章　「倭」はどこだったのか

　本論の前半において述べてきた事柄は、旧来よりわが国の史家をはじめ、「倭・邪馬台」などの所在詮索をしている人々の間では、まったくといってよいほどに問題視されず、おしなべて等閑《なおざり》にされてきた、すなわち、いいかげんに扱われてきた課題でもある。

　しかし、それらに関する正確な所在認識が、いかに重要な位置を占めてくるか、ここで多くをいう必要はないであろう。問題個々の正確な所在認識が把握されるということは、古代北東アジア史を語るうえでの第一歩となるものであり、また、初学ともいうべきこととなる。

　だが、研究家たちの間における現状は、その重要性に気づかず、改竄偽造により組み立てられた虚構史観が正当視され、そのような知識を基礎とし『魏志倭人伝』に取り組んでいるので、伝記の叙述内容を古代日本のある時期の史実と勘違いし、各人が各様の見解を打ち出している。しかしながら、それらは真剣に受けとめられる史的見解とはいえず、所詮は推理小説の域を出るものではない。

本論で取り上げてきた事柄に気づき、詳細な再考察がなされぬ限り、おそらくは今後も永々として結論らしきものに至るべくもなく、ますます突飛な推理憶測の開陳に明け暮れ、いたずらに時間と歳月を費やす結果となるであろう。

では、これまでの考察結果を前提知識として、『魏志』をはじめ中国史書古典の中で伝える「倭」とは、いったいどこを総称したものか、その全体的な考察をしてみよう。

『魏志韓伝』が記す「倭」――接と接界

先に、前三韓の所在考察の際に「ぜひ記憶に留めておいてもらいたい」と言い置いたが、ここでその所以について述べよう。『魏志東夷伝』の一文を附し考察に入る。

「馬韓在西、有五十四国、其北与楽浪、南与倭接。辰韓在東、十有二国、其北与濊貊接。弁辰在辰韓之南、亦十有二国、其南亦与倭接」

馬韓《ばかん》は西にあり、五十四国を有し、その北は楽浪《らくろう》と、南は倭と接す。辰韓《しんかん》は東にあり、十有二国、その北は濊貊《わいはく》と接す。弁辰《べんしん》は辰韓《しんかん》の南にあり、また、十有二国、その南は、また、倭と接す。

右の記述で重要となるところは、「馬韓の南と弁韓の南は、ともに倭と接して存在した」という箇所である。旧来、定説・定見に拠れば、これら韓諸国は、現在の韓国方面に位置づけられ、いうところの「接」の定義が軽視されるか、あるいは等閑《なおざり》に附され、「倭・邪馬台」についても牽強附会的な解釈の弁明で終始している。そのもっとも顕著な例が、わが国の「北九州」か「畿内大和」などと位置づけて語る誤りの類である。

だが、そのようなとらえ方で語っている研究家も、『魏志韓伝』中の次の一文をどのように解釈するであろうか、次に記載してみよう。

「弁辰与辰韓雑居、亦有城郭。衣服居処与辰韓同。言語法俗相似、祠祭鬼神有異、施竈皆在戸西。其瀆盧国与倭接界」

弁辰《べんしん》は辰韓《しんかん》と雑居《ざっきょ》す、また、城郭《じょうかく》あり。衣服居処《いふくきょしょ》は辰韓と同じ。言語法俗相似《げんごほうぞくあいに》たり。鬼神《きじん》を祠祭《しさい》するは異なるあり。施竈《しそう》みな戸《と》の西にあり。その瀆盧国《とくろこく》は倭と界を接す。

「その瀆盧国は倭と界を接す」の部分をどのように解釈するのであろうか。文中の「接」及び「界接」とは、双方が不可分な地理的条件下にあったことを意味するもので、何らかを介在させた双方を表記する文字ではない。

ちなみに、この「接」の字義は、音が「妾《しょう》」であり、その意味は「執《と》る」で、この延長的解釈が「交わる・従《つ》ぐ・着く」などである。ゆえに、ここでいう「接・界接」の意は、考えるまでもなく、「馬韓」と「弁辰＝弁韓」両国の南方界域において、「倭」は地続きの地理的条件下にあったわけである。

ところが、不思議なことに研究家たちは、この「接・界接」の字義を曲解し、「倭」を古代日本の北九州や畿内方面などに位置づけている。突飛な説には瀬戸内海に存在したなどと称すものもある。また、首を傾げたくなるような存在に、文献記述そのものへの批判、あるいは記述を全面否定する者もおり、勝手に文章を変えて解釈を施す者も見られる。また、何をか言わんやである。

「倭」の位置を推定する

では「馬韓・弁韓」の南界が、「倭」といわれた国と地理的に不可分な状態に置かれていたとすると、ではいったい、「倭」とはどの辺で「韓」と「接」して存在していたのであろうか、その位置関係についていささか考察したい。

171頁に図示した「三韓」の所在略図を参照していただきたい。図中でわかるように、「三韓」とは現中国遼寧省海城市以南、及び遼東半島方面における存在である。「馬韓」は大洋河以西で遼東湾に面した地区、また、「辰韓・弁韓」は大洋河以東で、渾江口以南の鴨緑江中下流を背にした地区に存在したと推定できる。

しかし、『東夷伝』が記述するように「馬韓」と「弁韓」の南界は、ともに「倭」と「接・界接」状態であったということになると、遼東半島全域を「韓の地」と見なすことは不可能になる。すなわち「韓」の南界もおのずと限定されてくることになる。

そうすると、「韓」全体の南界をどの辺にとらえて推測できるであろうか。

先に『金史』の中の一文を記したが、「長興島＝馬韓島」ということから勘案すれば、その南界は、あるいは「復州湾《ふくしゅう》」ないしは「普蘭店湾《ふらんてん》」あたりに置いてみることが可能ではなかろうか。

大雑把なとらえ方ではあるが、「韓」の南界をこのように位置づけられるとすれば、その南界で「接・界接」する「倭」とは、あるいは現在の渤海《ぼっかい》海峡、及び黄海《おうかい》に面した遼東半島最南端の地域、すなわち旅大《りょだい》・丹東《たんとう》地区の南辺に位置づけることができはしないか。

「倭」と称された国を、この範囲内かあるいはそれ以南の朝鮮半島の黄海沿岸に面した方面に位置づけることが可能ならば、『漢書地理志・燕地之条』の記述が頷けてくる。すなわち、「楽浪海中に倭人あり……」の一節がである。

なお、この「楽浪海」という名称については、旧来より史家たちは口を噤《つぐ》み、どこの海を称したのかを定かにしていないが、これは現在の「遼東湾」に附されていた古名である。郡域としての「楽浪」が、遼河流域以東の地に置かれていたことから推察すれば、まさしく当然の呼称といえるであろう。後年、遼東郡の東漸発展により、いつのまにか改称されたようである。近代韓国史学界のある学者の説に、「西朝鮮湾」が楽浪海であったとする向きもあったが、この説は附会以外の何ものでもない。

注・西朝鮮湾を楽浪郡としたのは、韓国史学界の李丙寿博士である。

ところで、前記『韓伝』中の「倭」と「界接」して存在したという「瀆盧国《とくろこく》」についてだが、この国を現韓国慶尚南道の「巨済島《きょさいとう》」に比して語る者がいるが、比定そのものがはなはだしい誤断と言わざるを得ない。

なぜなら、漢の時代の「楽浪」も「帯方」も、現在の朝鮮や韓国方面には存在しなかったからである。したがって、弁辰十二国中の一国「瀆盧」に限らず、「前三韓」そのものの位置づけがまったく異なってくることになる。

「山海経」から推察する「倭」――鴨緑江下流域

さて、「接・界接」する「倭」を、遼東半島南端、あるいはそれ以南の地区に拡大してとらえるならば、『山海経巻十二海内北経《せんがいきょうかいだいほっきょう》』の中の一文に頷けるところが出てくる。

「蓋国懿行案魏志東夷伝云東沃沮在高句麗蓋馬大山之東後漢書東夷伝同李賢注云蓋馬県名属玄菟郡今案蓋馬疑本蓋国在鉅燕南倭北倭属燕」

蓋国《がいこく》、懿行《いこう》は『魏志東夷伝《ぎしとういでん》』を案じて云く《いわ》「東沃沮《ひがしよくそ》は高句麗《こうくり》の蓋馬大山《げまたいさん》の東にあり」と、『後漢書東夷伝《ごかんじょとういでん》』に同じく李賢《りけん》の注に云く「蓋馬は県名、玄菟郡《げんとぐん》に属す。いま蓋馬を案ずるに、疑うらくは、もと蓋国ならん。鉅燕《きょえん》の南、倭の北にあり、倭は燕《えん》に属す」

「蓋馬大山」については既述したが、これは吉林省の龍崗嶺に源を発す渾江《こうこう》が鴨緑江《おうりょくこう》と合流する地点、ここを「渾江口」というが、この地点から九キロメートルほどさかのぼった渾江東岸に「大古馬嶺《だいこまれい》・小古馬嶺《しょうこまれい》」という山岳がある。

この山岳が古の「蓋馬大山」であり、また、「蓋国」というのは、大古馬嶺の南麓辺に存在する「古馬嶺村」の古名ではなかったかと思う。この山岳は高句麗の平壌城《へいじょうじょう》の西に聳立《しょうりつ》していた山脈でもある。

なお、「蓋国・蓋馬」を、現遼寧省蓋県に比して語る傾向も見られるが、現在の蓋県《がいけん》は遼朝以後に「蓋州」として新たに附名されたもので、古時のそれとはまったく異なる。『大清一統志』の中で、その違いについて次のように明記している。

「今蓋平似非古蓋牟也」

今の蓋平《がいへい》は、似て古《いにしえ》の蓋牟《げま》にあらざるなり。

ここにいう「蓋平」とは、現遼寧省の「蓋県」の清朝期ごろまでの名称で、また、「蓋牟」は「蓋馬」に同じである。右記一文は現在の「蓋県」と高句麗時代の「蓋県」との違いを指摘しているわけである。

さて、前記『山海経』の中の一文で重要な箇所は、末尾の部分で、「蓋馬・蓋国」とは、「鉅燕の南、倭の北にあり」と記すところであろう。「鉅燕」という聞きなれない名称が出てくるが、この「鉅」の文字について、『康熙字典《こうきじてん》戌集上《じゅつしゅう》』の中で調べてみると「鉅は大剛、また、大に通ずるなり」と記載されている。

「鉅＝大」と判明すれば、「鉅燕」というのは「大燕」に同じとなり、これはすなわち召公《しょうこう》の燕をいい、一般に「北燕」と称される古代国家のことである。

注・召公は周の武帝の弟。名君の誉れあり。

先に述べたことでもあるが、西暦前三〇〇年早々、燕に名君昭王《しょうおう》が現れ、その将秦開《しんかい》を遣わし、河北北部周辺に侵攻していた勢力を、すなわち東胡・山戎（朝鮮）を伐ち、追って遼河・渾河《こんが》流域一帯を経略し、現在の遼寧東部一円に支配権を確立した。この燕の東北進出と支配権の確立は、まさに「鉅燕《きょえん》＝大燕《だいえん》」にふさわしい存在だったわけである。

「鉅＝大」に通ずと判明したところで、前記末尾一文を、あらためて解釈し直してみると、「蓋馬は、かつての蓋国らしく、大燕の南にあり、また、倭の北に位置し、倭は大燕の支配下にあった」という意味になるはずである。

先に、「蓋馬＝蓋国」に推定した、渾江下流東岸の大古馬嶺の南麓にある「古馬嶺村」は、「大燕」の支配領域のほぼ南に当たり、「倭」と推定した遼東半島南端、及び鴨緑江下流域以南の朝鮮半島の黄海沿岸部一帯からでは、まさにその北方に位置していたことになる。

なお、珍奇な解釈に「蓋国」を現北朝鮮の首府「ピョンヤン」の古名とする説。また、「蓋国在鉅燕南倭北倭属燕」の一文を、「蓋国は鉅燕にあり、南倭・北倭は燕に属す」などと読み、その結果、「鉅燕」とは「箕子《きし》朝鮮」の謂となし、倭には「南倭・北倭」の二つが存在したと語る者もいる。

このような解読は、漢籍に対する句読点の附し方に問題がある。言い方を変えれば、そうした中国史書や地理志の読み方には誠実さが疑われよう。

『魏志倭人伝』が記す「倭」――帯方の東南、大海の中

『東夷伝』の記すところから、いわゆる「馬韓・弁韓」の南に「接・界接」していたとされる「倭」を、遼東半島最南端から黄海に面する朝鮮半島の一部にとらえてみた。

では、周知の『魏志倭人伝』の伝える記述から考察すると、その所在について果たしていかなるものになるのであろうか。『韓伝』と同じ結果が出れば、『魏志倭人伝』中の一言一句のあいまいな描写をこねくり回してこじつけるのは無意味となる。

では、『魏志倭人伝』の記述を検討してみよう。しかし、どうやら、「倭」の所在についてはその冒頭文のみにて事足りるようである。

「倭人在帯方東南大海之中、依山島為国邑。旧百余国、漢時有朝見者。今使訳所通三十国。従郡至倭、循海岸水行、歴韓国、乍南乍東、到其北岸狗邪韓国、七千余里」

倭人は帯方《たいほう》の東南、大海《たいかい》の中《うち》にあり、山島《さんとう》に依《よ》って国邑《こくゆう》をなす。もと百余国、漢時《かんじ》、朝見《ちょうけん》する者あり。今、使訳《しえき》の通ずるところ三十国。郡より倭に至るに、海岸に循《したが》い水行《すいこう》し、韓国を歴《へ》るに、乍《たちま》ち南《みなみ》し乍ち東《ひがし》し、その北岸、狗邪韓国《くやかんこく》に到《いた》り、七千余里なり。

ここで早くも「倭」とは、どこを指称したのか明記されている。すなわち、「帯方の東南、大海の中にあり」と。いうところの「帯方郡」の所在については既述したが、この郡は現在の遼寧省海城市以南の遼東半島方面に置かれたものである。

先に述べておいたことであるが、ここで初めて気づかれるはずである。すなわち、「漢の朝鮮支配と郡県設置の実態」が、である。旧来、定説においては、これらの史実を存在もしなかったところに位置づけ、そのうえで、「倭とは、どこか?」という課題に取り組み、俗称『魏志倭人伝』などをこねくり回しているがゆえに、この伝記冒頭に記載のある所在位置についての概略が理解できず、さまざまな推理や憶測の展開に明け暮れざるをえない羽目に陥ったといえよう。

さて、伝記冒頭の記載の中で重要な部分は、「帯方の東南、大海の中にあり」であろう。この郡の「東南・大海の中」といえば、それは現在の「黄海」以外には存在しないはずである。したがって伝記が指称する「倭」とは、多くの言辞を弄すまでもなく、この「黄海」を前面に控え、南北に伸展している朝鮮半島そのものを総称したことになる。

先に本論で推定した「倭」を、はるかに越える広大な地区を総称したことが、この文献中から読み取れることになる。

だが、旧来の定説は、「帯方郡」の所在を現在の朝鮮半島京畿道の漢江流域と断定してしまった。そのうえで、この『倭人伝』の叙述内容を解釈し「倭・倭国」の所在詮索していけば、だれしも、その記述中に載っている「七千余里」という厖大な距離数に眩惑され、是が非でもわが国の北九州や畿内大和へ附会せざるをえなくなる。もっとも新しいところでは、「四国・瀬戸内海」説など、おかしげなものも出てくる始末である。

以上の考証により、「倭」の全体像が何とか把握されたはずである。確かに「帯方郡」からすると「倭」の方角は「乍南乍東」で、これは南東方面に向かう形容たるに過ぎない。

海路を行く場合の計測について

問題は「その北岸、狗邪韓国に到り、七千余里なり」という距離数であるが、この距離数とて撰者自らの実測値ではありえない。なぜならば、撰者の陳寿《ちんじゅ》は洛陽から一歩も外に出ていないからである。

帯方郡から倭へ向かう沿岸航海

したがって、伝記そのものの内容も、それほど神経質になり真面目に受けとめるほどの必要性はあるまい。だが、どういうものか、わが国のこの種の研究家たちは、あまりにも神経質になりすぎている。内容文の一言一句にこだわるあまり、こじつけを事とし、かえって混乱をきたしている。だから、おかしげな論説が出てくるのである。

『倭人伝』に限らず、いわゆる「水行＝海道里程」に関して『明史巻三百二十三列伝二百十一外国四』中において、次のように一言にして明確に記録している。充分に参考とすべきであろう。

「蓋海道不可以里計。舟人分一昼夜為十更。故以更計道里云」
蓋《けだ》し、海道は里《り》を以て計《はか》るべからず。
舟人《しゅうじん》は一昼夜を分ちて十更《じゅっこう》となす。ゆえに、更《こう》を以て道里《どうり》を計るという。

古代における「海路・水行の里程」は、陸路を行く基準では計れない。なぜなら、昔の「舟人＝航海士」たちは、「更」すなわち「時間」の経過によって、その里程を算出している。一昼夜二十四時間を十等分し、その十分の一の二・四時間が経過したら、何百何十里という程度の極めて雑駁《ざっぱく》な計測であったようだ。

このような計測法であったとしたら、船乗り各人の技量や経験、自然現象（風向き・潮の流れ）などに影響され、かなりの差違あったことは否めない。したがって、旧来より多くの研究家たちが試みている計算法は、ほとんどと言ってよいほどに無意味に近くなる。

なお、この計算法とは別に、海道里程の算出法も存在している。すなわち『唐六典尚書戸部巻第三』の中に、左のような記述が見られる。

「水行之程、舟之重者、泝河日三十里、江四十里。…中略…沿流之舟則軽重同制、河日一百五十里、江百里、余水七十里」

水行の程《てい》は、舟の重きもの、河を泝《さかのぼ》ること日に三十里、江《こう》は四十里なり。…中略…沿流の舟ならば、則《すなわ》ち軽重同制《けいちょうどうせい》なり。河は日に百五十里、江は百里、余水《よすい》は七十里なり。

この文献記録は、唐時代の官僚たちが、船を使って出張するときに要す水行里程の目安・規準を定めたものである。

右記中の「泝河《そが》」とは河をさかのぼる場合の目安で、また、「沿流」とはその逆で流れにしたがって下る「沿岸航行」をいう。

『倭人伝』に記載されている「海岸に循い水行し、乍ち南し乍ち東す」というのは、南東方向に沿海航行することを示すわけで、これは『唐六典』中の「沿流」に該当することになる。

唐代の一里は〇・四キロメートル（里数に関しては36頁参照）。ゆえに「一日行百五十里」は六十キロメートルとなり、また、「一日行百里」は四十キロメートルとなる。この「一日行百里」で臨むと、二カ月と十日（七十日）で「七千里＝二千八百キロメートル」になる。

ただし、「倭国」行きの船舶が「帯方郡」のどの河口から出航したのかによってはかなりのズレは出ることになる。仮に、古代から良港として知られる「営口」から遼東半島の沿岸にしたがって下ったとしたら、古代の航海技術で何日ぐらいの日数がかかったであろうか。

『隋書《ずいしょ》巻八十一列伝第四十六百済伝』に、次のような記載があるので、あるいは参考になるかと思われる。


「其南海行三月、有耼牟羅国、南北千余里、東西数百里、土多麞鹿、附庸於百済…略…」

その南、海行三月《かいこうみつき》、耼牟羅《たむら》国あり、南北千余里、東西数百里、土地に麞鹿《しょうろく》多く百済《くだら》に附庸《ふよう》す…略…


その南の「その」という指示詞は「百済」を指す。すなわち「百済の国の南端から、沿岸航行して三カ月ほどで、『耼牟羅国』というところに到着する」をいう。

なお、「百済国」所在については既述したように、現在の遼東半島方面から北朝鮮の大同江《だいどうこう》流域辺、また、「躭牟羅国」とは後世の「躭羅《たんら》・耽羅《たんら》」をいい、これは現在の韓国全羅南道の南方海上に点在する「済州島《チェジュとう》」の古時の名称である。別名を「瀛洲《えいしゅう》」ともいうようである。

さて、『隋書百済伝』の記載によると、百済の南端から「躭牟羅＝済州島」までは優に三カ月は要したことになる。先に記した「沿流の水行一日百五十里」は「一日六十キロメートル」、したがって四十六日〜四十七日で「七千里」となる。

また、「江の水行一日百里」とは、「一日四十キロメートル」で、七十日で「七千里」となり、その辿り着くところは現韓半島の全羅南道《ぜんらなんどう》方面に到達する計算になる。

この二つの計測法の中、あるいは後者を採るべきかと思う。なぜなら、「大なる水流を江という」と称すので、「黄海」は「河」や「江」ではないが、「大なる水流・水域」には相違ないからである。

よって、後者を採って判断すれば、古代の沿岸航行技術で、「七千里＝二千八百キロメートル」を往くには、二カ月と十日（七十日）はかかったはずと思われる。

では、この日数を掛けて到達した全羅南道から済州島まで、果たして何日くらいかかったであろうか。もっとも、どこから出航したかにもよるが、仮に全羅南道新安郡南東部に位置する羅州群島からだとすると、直線コースにして、「済州島」までは百六十キロメートルは存在する。ここから出航したとすれば「一日行四十キロメートル」の進行であるから、およそ四〜五日くらいはかかったことになる。だとすれば『隋書』の記載どおりに、「百済」から「済州島」までは三カ月近い日数がかかったはずである。

ただし、『隋書』記載も、旧来の定説、すなわち「百済＝現韓国」説で臨むと、奇妙な結果に陥るだけで、ボタンの掛け違いと同様、どこまで行っても食い違いの連続となることは覚悟すべきであろう。

以上までのところを総合し「倭」といわれた方面を187頁の図で再度確認の上、次の項を一読されれば、よりいっそう「倭」の所在について理解できるとともに、旧来の「倭」のとらえ方、あるいはその解釈の誤りにも気づかれることと確信する。

『鮮卑伝』が記す「倭」

「倭・倭国」とはどこを称したのか、『倭人伝』とは何であったのかについていささか述べてきた次第だが、では、他の伝記中に現れる記述から、この「倭」の所在をどうとらえられるか、『後漢書巻八十烏桓鮮卑列伝《うがんせんぴれつでん》第八十』の中の末尾の記述を考察論証してみよう。

「光和元年冬…中略…種衆日多、田畜射猟不足給食。檀石槐乃自徇行、見烏侯秦水広従数百里、水停不流、其中有魚、不能得之。聞倭人善網捕、於是東撃倭人国、得千余家。徙置秦水上、令捕魚以助糧食」

光和《こうわ》元年の冬、…中略…種衆《しゅしゅう》日ごとに多く、田畜射猟《でんちくしゃりょう》は食を給するに足らず。檀石槐《だんせきかい》、すなわち自ら徇行《じゅんこう》し、烏侯秦水《うこうしんすい》を見るに、広きこと縦《たて》に数百里、水は停《とど》まりて流れず、その中《うち》に魚《うお》あるも、これを得ること能《あた》わず。倭人は善《よ》く網捕《もうほ》するを聞く、ここにおいて東の倭人国を撃ち、千余家《せんよか》を得たり。徙《うつ》して秦水《しんすい》の上《ほとり》に置き、令して捕魚をして以て糧食《りょうしょく》を助けしむ。

東漢の第十代霊帝の光和元（一七八）年の冬に入り、遼河上源の西拉木倫河《しらむれんがわ》流域一帯によっていた鮮卑族集団は、その領域があまりにも広汎にわたり、また、族衆が日増しに数を増すにつれ、旧来の牧畜や狩猟一辺倒の政策では、食糧難をきたす恐れが出てきたので、政策変更に踏み切った。

そこで、族衆の首領・檀石槐は、自らの領域内をくまなく調査し、「烏侯秦水《うこうしんすい》」という大なる河川の存在を知り、しかもその河川には、多くの漁獲資源の存在が見いだされた。

だが、彼らは元来が遊牧民であり、河川の中の資源の漁《すなど》りの技術がなかった。たまたま聞き及ぶところによると、東方にいる「倭人」は漁網を巧みに操り、漁りをすると。そこで石槐は、兵を召集し東方に居住するという「倭」への侵略を開始した。千戸ほどの聚落《しゅうらく》の倭人を拉致し、彼ら鮮卑族の境域内の烏侯秦水の辺に居住させ、河川中の漁獲資源を漁る労役につかせ、もって食糧難打開の一役を担わせたという。

この『烏桓鮮卑列伝』の一文中、もっとも留意せねばならぬ箇所は、「東の倭人国を撃ち……」であろう。東漢末の鮮卑族の分布は、吉林省烏蘭浩特《うらんほと》（古《いにしえ》の鮮卑山）から南下し、西拉《しら》木倫河《むれんがわ》・老哈河《らおはがわ》（烏侯秦水）から、遼河下流域一帯及びその左岸の地まで南下していた。

このように極めて広汎にわたった鮮卑の割拠地の東側といえば、遼河流域以東から千山山脈の東、ないしは鴨緑江下流域から、やや拡大しても現北朝鮮の北西部周辺くらいまでになるであろう。それ以南の地への侵攻は疑問が出る。鮮卑の疆域の東側というには、方位方角的にかなりの無理なズレが出てくると思われる。

これらの範囲中のいずれかに、彼ら騎馬集団は侵攻を開始し、「倭・倭人」聚落住人を一千戸をも大々的に捕囚拉致したという事実は、古代の事件として、容易ならざる大事変であり、かなりの国家混乱をきたしたことになる。

この記録が伝える事件から勘案しても、いわゆる「倭・倭国」といわれた存在を、古代のある時期の日本列島内に位置づけて語ることは不可能となる。すなわち「倭＝古代日本」と見な

すべきでない一つの明証となろう。すべては前記した範囲内の史実であったことになる。

上に鮮卑族の割拠情勢を示しておくので参考にされたい。ここに図示したものは、東漢の永寿二年から光和元年、すなわち西暦一五六年〜一七八年ごろにおける鮮卑族の東部方面の疆域図である。

図示した範囲内なら、騎馬集団の侵攻は可能である。騎馬集団で鴨緑江を渡るという難渋性は出るが、あながち否定はできない。

だがしかし、一般的な「倭国＝古代日本」という前提、あるいはそのような固定観念などで、右の一文を解釈するなら、漁りの技術すらなかった古代北方遊牧民族が、いかなる手段を駆使し、玄界灘の険を乗り切り、僻遠の地である日本列島に大々的な騎馬集団での侵攻を可能ならしめたであろうか。多大なる疑問が出るはずである。

なお、鮮卑族全体の境域となると、それは極めて広汎にわたり、西は阿爾泰山《あるたい》に沿い新疆ウイグル族自治区周辺、また、北は黒龍江に沿い外興安嶺《がいこうあんれい》から北海の南辺にまで及んでいたようである。

前記、引用文中にあるように、鮮卑族は檀石槐の時に至り、これらの広汎な区域に割拠していた部族を統合し、これを「東部鮮卑・中部鮮卑・西部鮮卑」に三分したが、族衆の多くを支えるための食糧問題に支障をきたし、結果としてその疆域の東側にあるという「倭」の攻略に出たわけである。

注・別文献によると、「韓」を攻めたともいわれる。

図示した範囲内で考察されたい。どのような角度から判断しようとも、攻略したという「倭」を「古代日本」に附会することは不可能なことと言えはしないか。だが、本論で推定したように「倭」を位置づけてみるなら、方角的には若干のズレは否めないが、騎馬集団による侵攻は可能だったはずである。

なお、若干余事に奔るが、中原に覇を成した「漢民族」を、この「鮮卑族」ほど古来より手こずらせた存在は、「匈奴《きょうど》」以外には存在しなかったといえよう。

この「鮮卑」の中、「中部鮮卑」からは慕容《ぼよう》氏が台頭する。山海関以東から遼寧一帯に君臨し「前燕《ぜんえん》」となって現れる。また、「東部鮮卑・西部鮮卑」の北方に割拠していた「大拓跋鮮《だいたくばつ》卑」が、後世に至り「元魏《げんぎ》＝北魏《ほくぎ》」を興し、南朝の「宋」とともに「南北朝時代」を現出させ興亡を賭ける。

さらにまた、慕容氏の西によって台頭した宇文《うぶん》氏が、西暦九〇〇年代に入り「契丹《きったん》」となって勃興し、のちに「遼《りょう》」となり、中国最初の騎馬民族による征服王朝となる。なお、「匈奴」については周知のごとくである。

十七世紀中葉の地図——奇妙な一致をみせる地理観

さて、「倭」の所在に関し、『後漢書東夷列伝』『隋書東夷伝』などの記述に「古に云《いわ》く、楽浪郡の徼《きょう》は帯方郡を去ること、万二千里なり。会稽東冶《かいけいとうや》の東にあり、朱崖儋耳《しゅがいたんじ》（ともに中国海南島付近の郡名）と相近し」という記述のあることから、研究家たちの間には、いわゆる「倭」とは、「台湾」方面と見なす向きもいるが、この見解には賛同しかねる。

確かに『倭人伝』中の記述には、亜熱帯圏を想起させるような描写が見られるが、「台湾」に関しては、古くから中国人には「夷州《いしゅう》」という名称で知られており、また、隋・唐時代には「琉球」と呼ばれ、その交流は古く盛んであった。そうした点から考えると、「倭」と「台湾」

を混同するほど、中国の史家の認識が朧気《おぼろげ》であったとは思えない。

ただ、文献中に「楽浪・帯方」から「倭」に到るまでの厖大な距離数と、「会稽」すなわち現在の「浙江省紹興市《せっこうしょうこうし》」の東で、海南島付近に近い「儋耳《たんじ》」ということを鵜呑みにし、「倭＝台湾」説を打ち出したものかと思われる。この『倭人伝』については前述したが、実地踏査された記録ではなく、歳月を追って伝わってきた風聞などが輯録《しゅうろく》されたものなので、伝記の名は附されているものの、多分に雑録の域を出るものではない。この記録をもって、一国の史書と見なすことは、よほどの慎重さを持たぬ限り、極めて杜撰《ずさん》かつ危険極まりないといえるであろう。

さらにまた、『三国志』が撰された三世紀の古代、漢民族たちが海外の国に関し、どの程度の情報や地理概念を持っていたか、このこともチェックしてかからねばならない。

かなり時代は下るが、十七世紀の叡智がもたらしたという地形図をもとに判断する限り、現在の「紹興市」の東に「台湾」は存在せず、このことは現在使用している精密地図を見ても、しかり、である。

しかし、十七世紀の地形図を見ると、ここに面白い事実が浮上してくる。すなわち、本論で推定しとらえた「倭」の位置が、奇妙に一致してくる。ちなみに、その地形図とは、笠原一男氏の『日本史地図帖』中に輯録されていたものであり、西暦一六四〇年に、ポルトガル人のサンチェスという人物が作成したものという説明が入っている。その地形図を上に模写しておいたので参考にされたい。

十六〜十七世紀といえば、地理上の発見に先鞭をつけた「ポルトガル」や「スペイン」をはじめヨーロッパ先進諸国が、それぞれに重商主義政策を提げ、陸続として植民地支配に乗り出した海上権優勢の時代に突入する。

このようにヨーロッパ先進国が、こぞって真の意味での世界支配体制・世界観、あるいは共通の世界史観のもとに激動し始めた時代であるにもかかわらず、図に示す程度の地理観しか持ち合わせていなかったとしたら、この時代よりはるか千四百年前もの古代、海洋民ならぬ北方系中国人が、どのような地理概念を持っていたか、それははるかに想像の域を出るものでしかなかったと言えはしないか。

仮に、古代中国においても、これと似たり寄ったりの、あるいはそれ以下の地理観であったとしたら、また何をか言わんや、であろう。

ポルトガル人・サンチェスによる東アジア地形図（1640年）

この地図で判別すると、『倭人伝』が記載するごとく、「会稽《かいけい》=紹興市《しょうこうし》」の東側は、まさに現在の朝鮮半島そのものに該当し、それは本論でやや拡大してとらえてみた「倭・倭国」の位置と奇妙な一致をみる。ゆえに面白い事実が判明するといった所以である。

四七八年における「高句麗」と「倭」の出来事

さらに、「倭=古代日本」とは言えない簡単な一つの記述を挙げてみる。旧来の定説を見事に否定するに足りる記録であると思う。

『宋書巻九十七列伝倭国伝』に、左のような記載が見られる。

「道逕百済、装治船舫、而句麗無道、図欲見呑、掠抄辺隷、虔劉不已。毎致稽滞、以失良風」

道は百済に逕《ちか》し、船舫《せんぼう》を装治《そうち》し、而《しか》して句麗《くり》は無道《むどう》にも、図《はか》って見呑《けんどん》せんと欲し、辺隷《へんれい》を掠《りゃくしょう》抄し虔劉《けんりゅう》してやまず。つねに稽滞《けいたい》を致し、以て良風《りょうふう》を失《しっ》せり。

南朝の宋の第八代・順帝の昇明二年、すなわち西暦四七八年、「倭」が「高句麗」の侵略行為に悩まされ、宋の皇帝に訴えた上奏文中の一節である。文中でもっとも重要な記述は、「図って見呑せんと欲し、辺隷を掠抄し虔劉してやまず」という箇所である。意訳すると、「高句麗は無道にも、倭を自らの領域に組み込もうとし、船舫（二雙並んだ船・もやい舟）を仕立て、倭の辺境を攻略し住民たちを殺戮してやまなかった」と伝えている。かつて、古代のある時期、わが国のいずれかの辺境の地へ、高句麗軍が侵攻して、掠奪や殺戮を犯した史実が存在したか否か、著者、不肖浅学にして、いまだ聞き及んでいない。

この一文から勘案しても「倭＝古代日本」とは見なせない一つの明証となろう。舫船の装備ぐらいで、対馬海流を乗り切れたとはとうてい考えられず、これはむしろ常識論といえよう。

六六四年、唐の使者の調査結果――白村江の戦いの翌年のこと

さて、次いで、もう一つの矛盾点を指摘しよう。時代が降って飛鳥時代、舒明《じょめい》帝即位の二（六三〇）年から、菅公の廃止令に至るまでの二百年間、わが国は十三次ないしは十五次にわたって「遣唐使」を派遣している。多いときには四、五百名という人数が派遣され、唐の文物を採り入れた。とくに天智から天武の間は大挙入唐し、唐の律令制を採り入れ、古代日本国家形成の基盤造りに取り組んでいた。この間、「日・中」関係は、なんら険悪な状態ではなかったといえよう。

しかるに、西暦六六三年に、百済と共謀し、大唐帝国を相手に「白村江《はくそんこう》」で戦いに挑み、その結果、日本・百済連合軍が敗北を喫したとされている。この敗戦後、当然、唐から次の第五次遣唐使受け入れを拒絶されるのならば、何の不思議も生じない。しかしながら、なぜかはなはだ疑問であるが、交戦の翌々年、西暦六六五年、第五次遣唐使は受け入れられているのである。

白村江の戦いの翌年、西暦六六四年、唐は郭務悰《かくむそう》を派遣してきている。これは、多分に戦いの実態調査、ないしは諮問《しもん》が任務ではなかったか。彼の調査の結果、「倭＝大和朝廷」ならざる事実が、あるいは判明したのではなかろうか。郭務悰はいったん帰国し、その翌年に再度来日する。この年、日本は守大石《もりのおおいし》を遣わし、これが第五次遣唐使派遣となる。

特注・『日本書紀』記載にあるという白村江の戦いに「倭＝日本」という前提で臨むと、少々訝《いぶか》しいことが浮上してくる。なぜならば、十八世紀後半にドイツ系オランダ人・ケンフェルが著した文献『ベシゲルト・ヒノギ・ヤッパン』によると、大和朝廷は粛慎《しゅくしん》・韃靼《だったん》征討へ師を出しながら、すべてが惨敗に帰しており、何万もの軍勢を日本から朝鮮半島へ出兵させることなど有り得ない。勢力が疲弊し尽くしている。

ただし、任那日本府ありき……という前提に立てば、現地在住勢力の召集で事足りたわけで、敗れた倭・百済を日本が受け入れたとすれば、郭務悰来日も領けてくる。郭務悰は、七～八カ月滞在している。

遣唐使派遣については、『日本書紀』と中国側の文献記録に食い違いはないが、唐は日本と倭を同種同根と見なしていた可能性は否めない。つまり混同している嫌いがある。だが、六六四年の時点でその違いが判明してきたものと思える。

爾来《じらい》、おおいに大唐帝国に範を垂れ、律令制改修がなされ、また、官職制をも踏襲し、本格的な国家形成が始まったと思案される。遣唐使の滞在費用を中国側が負担し、あまつさえ朝貢貿易では莫大な財貨が反対給付の形で日本側に贈与されているにもかかわらず、唐帝国極盛期に戦いを挑み敗れたとする敵国に対して、優遇政策などとうていい考えられないはずである。渤海・遼朝期にも、「日・中」関係はすこぶる良好であったことを考え合わせれば、大きな疑問が残る。

『新唐書』の天智二年記事の不思議

ここで若干余事に奔るが、わが国の史書や記録に現れていない事実を、『新唐書《しんとうじょ》巻二十二・東夷伝・日本伝』中からうかがってみよう。

「子立天智。明年、使者与蝦蛦人偕朝。蝦蛦亦居海島中。其使者鬚長四尺許。珥箭於首。令人載瓠立数十歩、射無不中」

子《こ》、天智《てんじ》立つ。明年、使者、蝦蛦人《かいじん》と偕朝《かいちょう》す。蝦蛦《かい》また海島中《かいとうちゅう》に居《きょ》す。その使者、鬚《ひげ》の長きこと四尺ばかりなり。箭《やじり》を首に珥《かざり》とす。人に令し瓠《ひさご》を載せて立たしめ数十歩、射て中《あた》らざるなし。

この記述は、天智天皇即位の二年後、すなわち西暦六六九年ごろか、日本の使者が蝦蛦人と一緒に入朝して来たことを伝えている。

このころに言う「蝦夷《かい》」とは、「えみし」と呼ばれていた今日の「アイヌ」の人をいう。記録されているところから判断して、明らかに今日の日本人ではないようである。

注・まったくの異民族であったにもかかわらず、ひとしく蝦夷の文字を当てて間に合わせていたために、日本の歴史がややこしくなってしまった。だが、この蝦夷の民族的違いを早期に指摘した学者は、わが国では三宅米吉《みやけよねきち》氏と白柳秀湖《しらやなぎしゅうこ》氏だけのようである。

注・天智帝即位二年は、西暦六六九年。六六五年が第五次の入唐ゆえに、六六九年は第六次の入唐となる。なお、一書には天智帝即位を西暦六六二年とするものもあり、定かではない。あるいは天智帝の時が第五次か。

箭（鏃）を首飾りとする風習は、飛鳥・奈良時代の日本人のものではない。王朝人が好んで飾りとしたのは「勾玉《まがたま》」や「玉《ぎょく》」で、弓矢の鏃などは装飾の対象外である。

さて、そのいずれかはおくとして、飛鳥時代に入唐して行った際、わが王朝から派遣された使者と「蝦夷人」が同道して入唐したという記録が、惜しくもわが国の史書から遺漏している。遺漏というより、抹殺したようである。

これらの事実を、今日現在の有識者は、どのように認識するであろうか。日本史を調べる限り「蝦夷」（えみし・えぞ）は北辺の蕃族で討伐の対象になってさえいる。その蕃族扱いしていた「蝦夷」と同行して大唐帝国の都に朝貢して行ったということを、いかように説明し、解釈できるのであろうか？　著者は、不肖にして不分明である。それに著者はここにあえて筆録した。諸賢に判断を乞う。

たぶん政治的要因や民族的差異などから、後世どうやら抹殺した可能性があるようだが、我れに漏れたるもの彼岸の中国の記録に留め置かれたことは、もって奇とすべきであろう。

中・韓・日、史学者の「倭」に対する見解

「倭・倭国」とは、どの方面の総称であったのかについて、いささかの私見を述べてきたが、では、対岸の中国・韓国の史学者たちは、この「倭・倭国」について、どのような見解を出しているのか、次に二、三の見解を掲げてみる。

早い時期においては一九〇九年、中国の史家で楊守敬《ようしゅけい》氏が『高句麗広開土好太王談徳碑跋』の中で、次のように卓見ともいうべきものを述べている。

「又東鑑所不詳、按日本史、以談徳即位之年較之、当仁徳天皇之七十九年。中間歴履中天皇・允恭天皇、皆無与新羅構兵事。亦無与高麗構兵事。豈因為高麗所敗而諱之与」

また、『東鑑《とうかん》』の詳《つまび》らかにせざる所、日本の史を按《あん》ずるに、談徳《だんとく》即位の年を以てこれを較《くら》ぶるに、まさに仁徳《にんとく》天皇の七十九年に当《あた》るべし。中間《ちゅうかん》、履中《りちゅう》天皇・允恭《いんぎょう》天皇を歴《へ》るも、みな新羅《しんら》と兵を構《かま》うる事なし。また、高麗《こうらい》と兵を構うる事もなし。豈《あ》に因《よ》って、高麗の敗《やぶ》る所となし、これを諱《い》まんか。

注・西暦三九一～四一三年、倭はその本土まで追撃され、徹底的に攻略された。だが、

この世紀に日本が朝鮮半島に出兵したという確証はない。

吉林《きつりん》省集安《しゅうあん》市・鴨緑江《おうりょくこう》北岸に建てられている、高句麗第十九代広開土王の戦勝記念碑の文中に刻されている「倭」について論じているものである。

旧来、わが国の史学者の中には、この碑文中に出てくる「倭」を、古代の日本のことと勘違いし、高句麗の追討を受けて、「倭国兵」が壊滅状態に至ったという事実を国辱ものとし、碑文中の「倭」の文字を改竄したか否かについて物議をかもした経緯がある。

注・碑文中の文字の改竄はなされていないことは、かなり昔に証明されている。近代の学者でも古代高句麗の金石文に通暁していない限り改竄は無理であり、要は全体的な解釈を改めてしまった程度であった。

日本の史家たちのそのような行為や見解に対して、楊守敬氏は疑問符を投じている次第であるが、右記の一文を解釈すると、

「朝鮮側の資料『東国通鑑』では詳《つまび》らかでないが、日本側の資料を考察してみると、高句麗広開土王の即位の年をもってこれを較《くら》ぶるに、まさに仁徳天皇の七十九年になる。その中間、履中天皇・允恭天皇を歴るに、みな新羅と抗争した事実はなく、また、高句麗と兵を構えた事実もないのである。然《しか》るに、なぜに、高句麗に追討され壊滅に至った『倭』を『日本』となし、これを国辱として諱まんか」

注・仁徳天皇即位の七十九年から允恭帝の間とは、西暦三九五年から四三九年の間をいう。

また、わが国の史家の中でも、三宅米吉氏はその著『高麗古碑考』の中で、「倭」について左のような一文を残している。

「倭人・倭国と高句麗との抗争の記述なども、日本側の『書紀』などの記述に対応すべきものが無ければ、強いて附会する必要はなかろう。碑文中に現れる『倭国』が『大和朝廷』であったことを明証した論考は現れていないのである」

注・日本が四世紀後半から五世紀初頭に新羅や高句麗と抗争したという記述はない。

また、現代の古代朝鮮史の権威・東北大学井上秀雄教授は、その著『倭・倭人・倭国』の中で、次のように述べている。要約する。

「旧来、『倭』を考える場合、それが民族名であろうと国名であろうと、とにかく『倭』は古代日本という考えから出発してきたが、このこと自体すでに大きな過ちを犯している。『倭人・倭国』について、このように考える旧来の定説を裏づける記述は、日本側の文献にはほとんど見当らず、また、中国・朝鮮・韓国の古典中においても同じである。

日本側の資料『古事記』『日本書紀』を見る限り、『倭』を『大和朝廷』ないしは、その支配領域とする記事は極めて稀であり、『倭の五王』を『大和朝廷』の諸天皇と見た形跡もない。また、『倭』から『日本』への国号改変も、従来、言われているような雅号を求めたとするような根拠もないのである。

『倭の五王』についても、これを応神から仁徳に始まって、雄略に至る五人の天皇の名に推定しようとしているが、このことは、朝鮮・韓国の学者は不審に思っており、日本の研究家が言うような程度の比定の仕方であれば、『三国史記』に出てくる、新羅の王名に充分あてはまるのではないか……」

注・井上教授の言われるように、『書紀』の仲哀紀及び神后摂政紀中に一つの注釈あり。すなわち、倭の女王晋に朝貢すと聞こゆ……云々と。大和朝廷では我関せず……というような記載がある。

また、韓国国民大学校学長・李鐘恒《イチョンハン》先生は『古代韓国と倭の豪族』の中で、次のように語っている。

「倭と言えば、すぐそれは日本列島内の住民で、大和政権下にある人たちであると考えるのが常識化されているが、この常識は、新羅の半島統一以後は正しい。しかし、紀元前後から六世紀（注・新羅統一は七世紀）中葉ごろまでは、この常識は通じないばかりか間違いである。

倭人は現韓半島の南部、すなわち慶尚南道の海岸地帯から、全羅南北道の広汎な地域にわたって住んでいた『在地原住民』なのである。その居住区域は、極めて広く、また、その数は厖大なものであったと思われるのである」

李鐘恒教授は以上のごとく、西暦前後から六世紀末ごろまでに、中国の史書古典中に現れてくる「倭・倭人」を、「現韓半島方面の在地現住勢力」と喝破している。けだし、卓見と言わざるを得ない。脱帽の限りである。


注・李鐘恒先生の言われるように、六世紀以後は日本を倭の別種としてとらえていたらしいが、中世期、元・明の時代においてすら史書中で倭酋《わしゅう》といったり、また、日本と言ったりしており、かなり混乱していることは否定できない。


このことは、今日現在のわが国の史学界、及び一般的に浸透し定説化されている存在を、大きく揺るがすものといえよう。

さて、先学諸賢の見解を引用させていただいたが、若干の差違こそあれ、その共通点が、「倭・倭国・倭人」とは、古代日本のある時期の史実ではなかったということで一致してくる。

前掲、楊守敬氏のいうところの高句麗や新羅と抗争した「倭」とは、すべて今日の朝鮮半島方面に割拠していた在住勢力であり、その勢力の史的エピソードであったことになる。「倭＝古代日本」や「邪馬台＝古代大和朝廷」と見なすこと自体、「倭」の総体的把握がなされぬための弊害であり、所詮、歳月の浪費に過ぎないということになろう。

近時、考古学蹟上の研究進歩により、各地からさまざまな発掘発見物が出土しているが、それらはすべてわが国の史学界がいうところの「倭」「邪馬台」に結びつくものではあるまい。逆にそれらの年代測定結果には、多々一驚すべきものもあり、果たしてそれらは何を物語っているのであろうか、それを真摯に考察する姿勢が求められる。

今後、また、さまざまな遺構遺物等が発掘・発見されるであろうが、それらは「倭＝古代日本」「邪馬台＝大和朝廷」を立証するに足る決定的物証とはならぬであろう。ここに断言しておく。

第十章　「邪馬台」にまつわるヒント

「倭」とはどこを称したのか、についてこれまで考察してきたが、古代北東アジア史を考えるうえで最大の疑問が、「邪馬台」という存在である。すなわち、

この国は果たして本当に存在したものか？

存在したとすれば、それは、どこに？

という疑問が生じてくる。

この国の所在などについて、旧来よりわが国の幾多の史家や研究家たちによって議論され、結論の出ぬまま今日に至り、大方のところで「畿内大和説・北九州説」の二つに対立し、その論議は永々としていまだに続いている。このこと自体、じつに異様としか言いようがない。

しかし、本論において考察し推定してきたように、「倭」の全体的輪郭をとらえてみると、

この「邪馬台」を、現在の日本列島内に持ち込み位置づけることは、ほとんど無意味に近く、そうした場合の「こじつけ」も極めてはなはだしいといえよう。

卑弥呼の素早い対応――地理的な条件と事情

「邪馬台」が統轄したという「倭」、また「邪馬台」をも包括する「倭」も、その所在は既述してきたように、現在の韓国方面より黄海に面した半島の沿岸部から、遼東半島の最南端における存在である。

「倭」を日本列島に持ち込めない裏づけとなる記述を左に附し、検討しよう。

『晋書《しんじょ》巻九十七列伝第六十七・四夷伝・東夷・倭人』の中に次のような記述が見られる。

「旧以男子為主。漢末、倭人乱、攻伐不定。乃立女子為王、名曰卑弥呼。宣帝之平公孫氏也、其女王遣使至帯方朝見、其後貢聘不絶」

もと男子を以て主となす。漢末《かんまつ》、倭人乱れ、攻伐して定まらず。すなわち女子を立て王となす、名を卑弥呼《びみふ》という。

宣帝《せんてい》の公孫《こうそん》氏を平《たいら》ぐや、その女王、使《つかい》を遣《つか》わし、帯方《たいほう》に至りて朝見《ちょうけん》せしむ。その後、貢聘《こうへい》して絶えず。

注・「宣帝之平公孫氏也……」の読み下しについて、著者は以前の著作では、「(卑弥呼は) 宣帝の平らぐ公孫氏也《なり》……」としている。「名を卑弥呼という」に次いで氏素姓の「出自」が続くので、自然な感じの読み下しと思う。この解釈では、卑弥呼は公孫氏の繋累《けいるい》で中国人となる。原典の漢文には、もともと句読点が附されていないことを考慮に入れると、どちらの読解も可能かと思える。

卑弥呼は、朝鮮半島在住の「倭人」あるいは「中国人」であり、日本列島内の女王ではない。

注・卑弥呼《ぴみふ》という名称のルビは、中国人の発音に従ったものである。中国人はこの名をヒミコとは読まない。

注・遣唐使の記述が日・中の文献上、それほどの食い違いがないのに、なぜに女王国の伝承に関してはその詳細が不分明であるのか、疑問点はここにある。

次に、『梁書《りょうしょ》巻五十四列伝第四十八諸夷』中にも似通った記述がある。

「至魏景初三年、公孫淵誅後、卑弥呼始遣使朝貢……」

魏《ぎ》の景初《けいしょ》三年に至り、公孫淵《こうそんえん》を誅《ちゅう》するの後《のち》、卑弥呼《ひみふ》、始めて使を遣《つか》わし朝貢《ちょうこう》せしむ。

右記二書中とも、倭の女王の使いが朝見・朝貢していった背景に、遼東の覇者・公孫氏一門と魏の遼東平定が絡めて記されている。

いうところの「宣帝」とは、西晋の始祖となった魏の曹操の宿将・司馬懿《しばい》仲達《ちゅうたつ》をいう。仲達は魏の明帝の景初三（二三九）年六月、詔《みことのり》を奉じて部将牛金《ぎゅうきん》・胡遵《こじゅん》ら歩騎四万を率い、遼東平定のための攻略に乗り出した。

時の遼東の覇者公孫氏は敗走し、襄平城《じょうへいじょう》の東北・太子河《たいしがわ》の辺りで討ちとられ、ここに魏の遼東平定が成るわけである。

疑問とするところはここに生じる。旧来、卑弥呼は「邪馬台国」に君臨した女王で、この国はわが国古代のある地方「近畿・北九州」のいずれかであったとして論じられている。で、あるがゆえにこそ疑問が生じるわけである。

注・中国の六朝時代、倭は西晋・宋・梁朝に使者を派遣しているが、このことを記録した日本側の文献はない。卑弥呼の宗女・壱与《いよ》の代すなわち西暦三〇〇年から、五〇〇年代にである。五〇〇年代には、すでに女王国は中国の史書に記載されていない。

なぜなら、このような位置づけで論議する限り、彼女はいかにして速やかに、かつ的確に遼東方面の軍事情勢を把握できたのであろうか。さらにまた、なぜに遠く隔てた遼東半島の南の地に存在した「帯方郡」などへ出向して行かねばならぬ理由が存在したのか。しかも、名にし負う玄界灘の険を冒してまで、魏の遼東平定と同時に朝貢していく必要性があったのか、理解不能となる。

さらにまた、「倭＝古代日本」という前提でこの事実を推し計るに、三世紀の古代における満洲方面（中国の東北部）の軍事行動と古代日本とを結びつける文献記述も、また何らの論考も、今日現在に至るまで現れてはいないのである。

時代が変わって、「遣隋使・遣唐使」などが派遣されたころ、その渡航に極めて難渋した事実を考えると、「卑弥呼」の使いのあまりにも速やかなることに、多大な疑問が出はしないか。疑問というより、むしろ不可能事である。

だが、しかし、である。この疑問も旧来の定説を是としているがゆえに生じるのであり、本論で推定したように、「倭」とは今日の朝鮮半島ないしそれ以北の存在であったとして考えてみるならば、そこには何らの疑問も出ないはずである。

「倭・邪馬台・倭奴国」など、これすべての国家の地理的条件は、ともに国境を接する者の宿命的な悲哀で、新たなる権力者のもとへ是が非でも朝見し、拝謁せざるをえない立場であったといえるからである。

次頁に、二世紀中葉から三世紀初頭における公孫氏の勢力圏を図示する。この範囲内に「韓・倭・濊貊《わいはく》」などが帯方郡の直轄下に組み込まれていたのである。この勢力圏図で見ていけば、それぞれの国に対し公孫氏が積極的に内政干渉をしたということも納得できるはずである。

しかし、これらの国の割拠地が、旧来の位置づけで語られると、公孫氏の勢力は今日の朝鮮半島から、日本列島にまで及んでいたということになり、多分に眉唾物となりかねない。就中《なかんずく》、「倭国・邪馬台」などは、その落ち着くべきところも失い、玄界灘を越えた北九州や近畿方面に、無理な形で据えられる羽目となり、所在詮索を難儀なものとしてしまった。

「邪馬台」の「邪」についての可能性

「邪馬台国」、この国名に多大な疑問を提起させる文献記述が存在する。

『晋書巻五十四列伝第四十八』の「校勘記」中に次のような一文が載っている。

注・校勘とは、写本や刊本を較べて誤りを正し、相互の校合を明らかにすること。

「至邪馬台国『邪』各本譌『祁』。拠冊府元亀九五七改」

公孫氏の勢力圏図と蓋馬国のエリア（2世紀中葉から3世紀初頭）

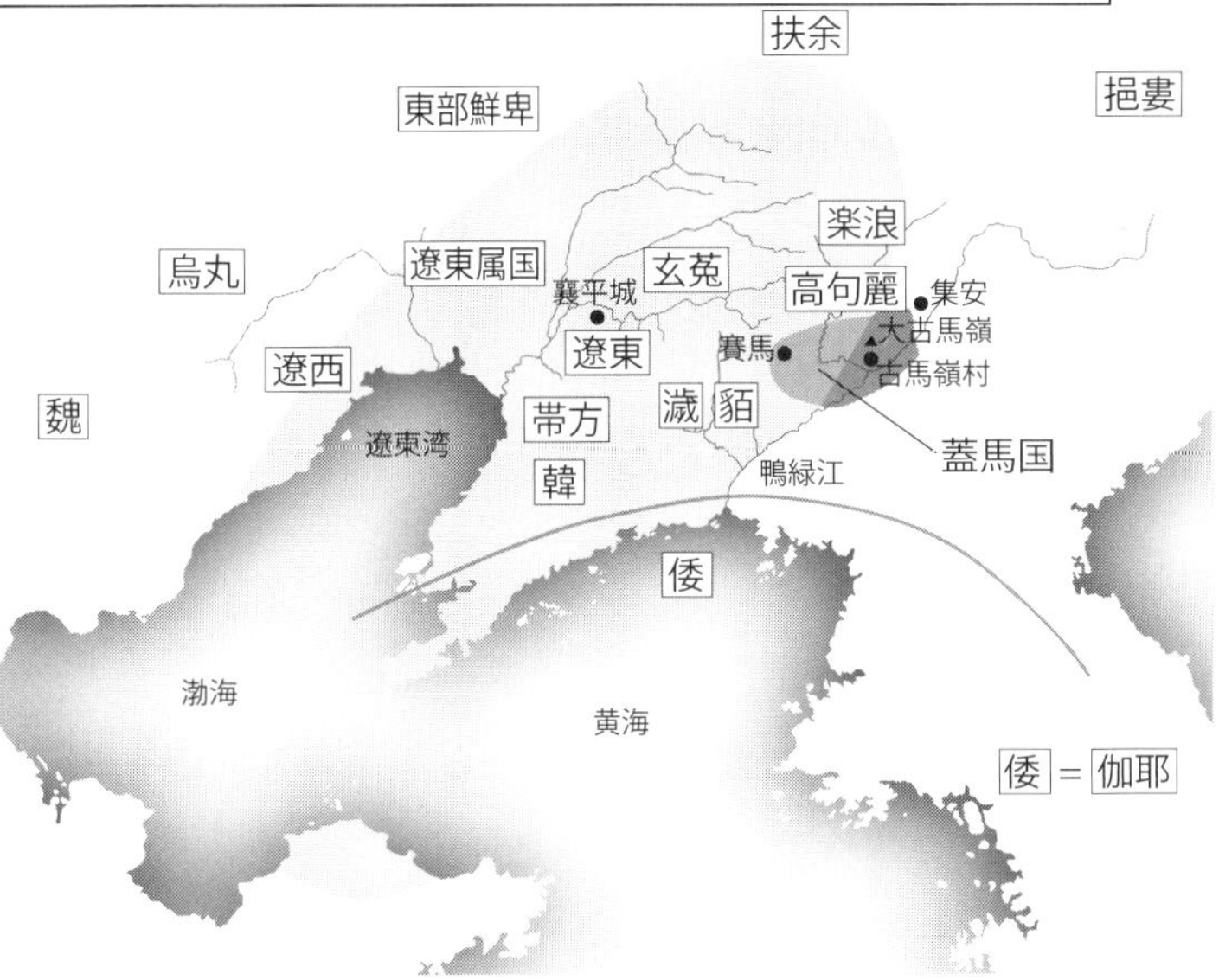

邪《や》馬《ま》台《たい》国《こく》に至るの「邪《や》」は、各本には「祁《き》」に譌《あやま》る。冊《さっ》府《ぷ》元《げん》亀《き》九五七によって改《あらた》む。

この一文を要約すると、「邪馬台国の文字の『邪』は、もともと各文献中には『祁』と記されていたが、それは間違いとされ、『冊府元亀』の記すところによって改訂した」ということになる。

この事実が正真なものとすれば、「いつ・何のため・誰の手によって」なされたのかという疑念が出てくる。いうところの『冊府元亀』にどれほどの信憑性があるか疑わしいが、ちなみに、この文献は北宋の真宗の大中《だいちゅう》祥符《しょうふ》六年、すなわち西暦一〇一三年ごろの成立である。年代的には比較的新しいこの文献一書によって、十一世紀以後の中国の史家が改訂したことは疑いはないが、果たしてこの行為が改訂というにふさわしいか否か、多大な疑問が残ろう。

ちなみに、著者は手許にある『宗本冊府元亀』中を調べてみたが、いかなる理由かわからないが、「巻九百五十六から九百六十二」に及ぶかなりの部分が、ものの見事に欠落しており、その確たる事実確認は無理であった。あるいは意図的になのかも……。

欠落している部分は『外臣部一・種族伝』であるが、残存している部分を、諸多の正史中の伝記と校合してみると、『冊府元亀』の伝記の叙述内容は精細性うすく、他史と比較するなら、信憑性はそれほど高いものとはいえないようである。

さて、十一世紀初頭成立の文献一書の記述によって、「いつ・誰が・謬《あやま》り」となしたものであろうか。ある人の説に、「冊府元亀が間違っていたので、他史にならって、『祁』を『邪』に改めたものであった」というのもあるが、果たしていかがなものか。多くの文献が「祁」と表していたものなら、「改訂」という行為はむしろ「改竄《かいざん》」と思われるがいかがであろうか。

この改訂行為後、「祁馬台国」は「邪馬台国」と変貌し、その後の史学界に大なる疑問符を投げかけたと言えはしないか。

であるがゆえに、こと「邪馬台国」所在詮索に関して、長い歳月を要しているにもかかわらず、今日に至るまでまともな史的見解や、その所在が確認されぬまま、「邪馬台国」は「幻の国」とされ、史家や作家たちを翻弄し、いたずらに推理小説や噴飯物的な読み物の類で終始しているのであろう。

旧来、各文献中が「祁」と表記していたということは、あるいは「蓋」（かい・げ）の音転ではなかったかとの懸念が出てくる。すなわち「蓋馬・蓋牟」（がいま・げま・こま）が時代の推移とともに書き継いでいくうちに、いつのまにか「祁馬」と表記されてしまったのではなかったか。

この「祁」の文字は、「蓋」の文字とまったく異なる文字のように思えるが、音に類似性ある場合はその限りではなかったようである。ちなみに、『康煕字典申集二十九』の中で調べてみると、面白い事実が判明してきた。

すなわち「蓋《がい》は既《き》に叶《かの》う」という記述が載っている。この「叶」は「協」の俗字であるから、当然のことながら「蓋」の文字には往々にしてこの「既」の文字が併用されていたことになる。『康煕字典』の記すとおりであったなら、多分に「蓋は既に叶う」で、すなわち「補助す・当てはめる」などであり、その音は「キ・ケ」の類似音となる。これがさらに転訛《てんか》・混用されてのちに「祁」と表記されたのではなかったか。つまり、「蓋馬・既馬・祁馬」と、である。

もしも、そうであるとすれば、この「蓋馬・蓋牟・既馬・祁馬」などの国は存在した。すなわち、後年にいたり高句麗の台頭によって四世紀で併合吸収され、歴史の舞台から消滅した「蓋馬《けま》」である。高句麗城塞の一つ「蓋馬城」として名を残すのみとなる、いわゆる「東蓋馬城」を指す。なお、蓋馬城には二つある。もう一つは「西蓋馬城」で、これは「蓋馬新城」ともいう。今日の撫順城《ぶじゅんじょう》ないしは北関山城《ほっかんさんじょう》をいうらしい。

高句麗は魏の正始六年、すなわち西暦二四四年に魏将毌丘倹《かんきゅうけん》の二度にわたる征討により、その勢力を殺《そ》がれ、長白山区深く後退したものの、魏が滅んで晋の時代に入るころには再び勢力を盛り返し、四世紀末から五世紀中葉には玄菟郡や楽浪郡を統合し、さらに遼東・遼西方面を睥睨《へいげい》していた時期であった。

高句麗の発展期において、いわゆる古《いにしえ》の「蓋馬国」は消滅する。このことから推測するに、あるいは、である。この「蓋馬」が後世の史家たちに「既馬・祁馬」と表記され、さらに後年にいたり、「祁」は「邪」の間違いと見なされたのではなかったかと思われるが、いかがであろう。

このように推測できるとすれば、「邪馬台」の伝承というのは「蓋馬・蓋牟」の滅亡期の史実の断片が、時代を経る中に他の伝記中に混交されてしまったものではなかったか。もしそうだとすれば、四世紀をもって女王国の伝承が中国側の史書の中に記載されなくなった理由も頷けるような気がするが、果たしていかがであろうか。

注・馬韓あるいは弁辰邪馬国の滅亡期の歴史的断片と見る向きもいる。であるならば、『書紀』中に女王伝が記載されていないのも頷けよう。自国の史実でもないものを、あえて記録するほどの馬鹿らしさはなく、当然記録しなかったのであろう。

蛇足ながら、「台・臺」の文字は、「三公と王」の位を得た者あるいは国名の尊称であり、国名の一部ではない。ちなみに、匈奴族の「単于台《ぜんうたい》」や姜《きょう》・羯《けつ》族たちの「留台《るたい》」や「霊風台《れいふうたい》」などがある（ただし、この称号も四世紀に入ると、それぞれ勝手に僭称《せんしょう》したといわれる）。

古代中国史家たちの外国名の漢訳に問題あり

ここに一つの疑問を提起してみたい。すなわち、古代の中国史書編纂に当たった史家たちは、外国語やその名称を正確に聞き取り、それを的確な文字で漢訳しえたであろうか、という問題である。

仮に、古代の三〜四世紀ごろに「大和朝廷」なるものが存在し、しかも、その「国名」を古代の中国人が聞いたとして、これを正しく「ヤマト」と発音し表記しえたであろうか。多分に疑問が残る。

その実例として、いくつかの極めてあやふやな国名を挙げてみよう。

古くは「匈奴・高車・鉄勒・突厥」などがあり、これらを我々は字面にとらわれて「キョウド・コウシャ・テツロク・トッケツ」などと呼んでいるが、この呼び方がそもそも大きな間違いであることに気づいていない。

これらの古代民族の正しい呼び方は、すべてトルコ系民族の複数形で「チュルク」と読むのが正しいという。

また、「姑師・車師・高昌」などと表記されてくる民族名も、一般に「コシ・シャシ・コウショウ」と読んでいるが、これも間違いであり、すべて「トルファン」と発音することが正しいのである。

さらにまた、「大宛・康国・安国・焉耆・噉噠」があり、これも「ダイエン・コウコク・アンコク・キロウ・エンタツ」と読んでいるようだが、これも上から順に「フェルガーナ・サマルカンド・ブハーラ・カラシャール・エフタル」と読む。

また、かの有名な井上靖氏の大作『楼蘭《ろうらん》』という小説があるが、これは「クロライナ」の漢字訳にすぎず、この国の都城で「扜泥城《うでいじょう》」というのがあるが、これも「クヴァニ」と発音することが正しいという。

次いで、もう一つの国名がある。この国の名称も漢訳されたものを、そのまま読むとどこの国なのか、まったくわからなくなる。

すなわち、「拂菻国」という名称がそうで、ふつうこれを「フツリン・コク」と読んではいるようだが、これは「ルーム」の音転で、古代ローマ帝国を指してアラブ人が呼んだ尊称なのである。ローマ帝国亡き後はビザンツ帝国を指してアラブ人が呼んだ尊称で、ビザンツ帝国滅亡後、この尊号はヨーロッパから西アジアに継承された。すなわち、セルジューク・トルコである。ルーム・セルジューク朝である。ルームのスルタンが、その一例。

以上のようにまったく異形異音の国名を、古代中国史家が自国の文字で表記したことは少なからず後世に疑問を残し、漢訳そのものに疑問が出てくる。

このことから考えて、前記したように「大和朝廷」を古代中国人が風聞し、その音や聞き取りを正確に把握し、正確に漢訳できたか否か、かなり怪しいと言えはしないか。「邪馬台」の三文字はともに平声であり、「台」を仄声で「ト」と発音はしないのである。かつてこれを「ヤマト」と読んだ人々がおかしいということになる。

いずれにしても、古代中国史家が外国名を聞き、それを平声仄声を間違えるとは思えないが、もし間違って表記したとしたら、多分に漢訳に問題ありとした所以である。

なお、現在一つの例として「美国《びこく》」というのがあり、これは「亜美利加《アミリカ》」の「美」を取って「美国」とし、また、「徳意志《ドイツ》」の場合は最初の一字「徳」を採り「徳国」としているが、我々日本人には馴染みのない略称ではなかろうか。

同じ漢字文化圏ということで、何か親戚のようなつもりでいると、大変な間違いを犯すことになる。漢字そのものの用い方がまったく違っており、日本の漢字・漢文は隋・唐時代の使い方を今日までに受け継いでいるが、現在の中国では漢字がまったく変化しているのである。

さらに記しておくが、漢文と中国語はまったく異なるということも付け加えておきたい。今日の中国人で二十五史の漢文が読める人は極めて少なく、むしろ読めなくなっているというのが現状である。

「倭国大乱」、たとえばその起因とは……

俗称『倭人伝』といわれる文献中に、しばしば表れてくる「倭人乱る・倭国大乱」などの記述がある。とくに、この国「邪馬台」についての所在詮索の論議はなされているが、その「大乱」に至った起因についての論議は、なぜか奇妙に少ない。これも研究家と称す人々に対する疑問の一つである。

本論では、「倭」そのもののとらえ方、所在の推定が、一般の研究家とまったく異なるので、その推定を踏まえたうえで、ここに少しくその起因について考察してみたい。

以下に記すところは、先に引用した『烏桓鮮卑列伝《うがんせんびれつでん》』中の一節であるが、その記述中に「大乱」の起因が見いだされるようだ。

「光和元年冬…中略…種衆日多、田畜射猟不足給食、檀石槐乃自徇行、見烏侯秦水広従数百里、水停不流、其中有魚、不能得之。聞倭人善網捕、於是東撃倭人国、得千余家。徙置秦水上、令捕魚以助糧食」

この一文の前半については先に（193頁）解釈したので省略する。後半の二行目からあらためて解釈してみる。

倭人は善《よ》く網捕《もうほ》するを聞く、ここにおいて東の倭人国を撃ち、千余家《せんよか》を得たり。徙《うつ》して秦《しん》水《すい》の上《ほとり》に置き、令して捕魚をし、以て糧食《りょうしょく》を助けしむ。

西暦一七八年の冬ごろに至り、族衆の増加に伴い、食糧難をきたした鮮卑族は、旧来の牧畜狩猟一辺倒の政策の欠点に気づき、その打開策として、自分たちの領域の東側に存在する「倭人」が、魚網を用い巧みに漁りをすると聞き及び、東方界域の「倭国」攻略に乗り出した。

結果、一千戸ほどにのぼる聚落《しゅうらく》の倭人を拉致し、自らの鮮卑領域内にある「烏侯秦水《うこうしんすい》（現在の老哈河《らおはがわ》）」の辺りに居住させ、河川の漁獲資源確保の労役に従事させ、食糧難打開策の一翼を担わせた。

考えてみれば、今日をさかのぼること千八百年もの昔、一千戸からなる聚落の倭人が拉致されたということは、まさに国家存亡の一大事変である。この鮮卑族の大々的な侵奪に端を発し、「倭国」は混乱の坩堝《るつぼ》と化し、国家統制に支障をきたして、やがて、その再編統制と主導権をめぐり、かなりの久しきにわたって内紛状態に至ったものと思われるがいかがであろう。

解釈の一部に重複した嫌いはあるが、それは容認していただくとして、旧来の『倭人伝』一辺倒の研究姿勢だけでは、「倭国」がなぜに「争乱・大乱」と記録されるに至ったのか、そのあたりの事情がまったく理解できなかった。

しかし、本論で考察したごとく「倭」を位置づけ、その観点から起因を考えるなら、『鮮卑列伝』の記述が答えを暗示しているのではないかと思える。「倭国争乱・倭の大乱」などをうかがわせるに足りる文献記述を、他に著者は識《し》らない。

エピローグ　文献史学者の役割とは

中国の史書古典、及び地理・天文志などの文献記述を参考とし、古代北東アジア史の一ページについて、その曲直を論証し、かつまた、いわゆる「倭」とはどこを指称したのかについて考察してきた次第だが、ここで総論としていささか言及しておきたいことがある。

一口に中国の史書古典といっても、それは極めて厖大《ぼうだい》な量であり、著者が本論構成上参考とした文献は、その中の一部に過ぎない。その限られた文献資料中といえども『倭人伝』をはじめ、多くの異邦異民族伝があるが、中にはかなり混乱した記録も見られる。

このことから案ずるに、古代の中国人は本土内陸部の地理情勢については精通しているが、山海関以東や海を隔てた遠方の国々の国情習俗などに関しては、それほどの知識はなかった節がある。

もっとも、古代において「人類学」「民俗学」、あるいは「考古学」及び「比較言語学」などが成立していたとは考えられない。したがって、古代の異民族異邦について、その弁別はあったであろうが、それは極めて稚拙、かつ粗雑な常識的判断に過ぎなかったであろう。その時代に、同一民族の代が変わり朝《ちょう》が異なるにしたがって、種々雑多な名称で文献上に現れてくるにおいてをや、はなはだしきに至りては、同一種民族に対して、十数種類の名称が用いられていることもある。

このような場合に、異民族の側にも一貫した文献記録があれば、事実照合も容易となる。「東アジア史」、とりわけ「北東アジア史」という点から考えるに、残念ながら、漢族以外の周辺諸族には十分な文字の発達がなく、一方的に漢民族側だけ文字がある場合、周辺民族たちの歴史的事実は照合不可能となってしまう。

しかも、漢族たちの記憶が完全と言い切れない場合、すべての史実事変についての照合検索は、ほとんど無意味となる。

ちなみに、十三世紀や十四世紀の元・明時代においてすら、中原に君臨した人々は、日本についての正確な情報を把握していないのである。周知の元寇の時代においても、彼らには日本の中央政庁、すなわち「大和朝廷」の存在すらわかっていないのである。

また、明時代に至っては、いわゆる周知の海賊「和冦《わこう》」の跳梁によってかなり苦しめられ、明は財政的に逼迫《ひっぱく》し、太祖・朱元璋は即位早々、日本に倭寇（和寇）禁遏《きんあつ》（注・禁じ止めさせること）を請うことになる。明側は日本の政庁に達したと思っていたようだが、なんとその相手が大和朝廷ならず、南朝の征西将軍・懐良《かねなが》親王に落掌《らくしょう》されていた。

これらの海賊に苦しめられた明代、茅元儀《ぼうげんぎ》の著した『明朝武備志巻二百二十四・四夷二』を見ると、次のような一文が載っている。

「日本、古《いにしえ》に患《うれ》へずして、今に患ふ。元《げん》の世祖《せいそ》より、八荒来王《はっこうらいおう》の威《い》を以て、しかも日本に加《くわ》ふる能《あた》はず。日本、将《まさ》に日に肆《ほしいまま》にせんとするは、天道《てんどう》の然《しか》るなり。…中略…国家の患《うれい》、曰く南倭《なんわ》北虜《ほくりょ》と」

注・南倭（和）とは、韓国沿岸や東シナ海に跳梁した海賊で、その総帥は八幡大菩薩の旗を立てた懐良親王の率いる水軍集団が主流。北虜とは、元帝の後身である北元の将、俺答汗《アルタンカン》率いる蒙古の勢力。

右の一文、あらためて解釈の要はないと思う。

さらにまた、『明史』の伝記中においてすら、その内容が二つに分かれ、『倭国伝』と『日本伝』が輯録《しゅうろく》されている始末で、その内容たるやかなり混乱した傾向がうかがえる。もっとも、このことは明史に限らず、古くは、『旧唐書《くとうじょ》』においても同様である。

七世紀や十三〜十四世紀に成立した文献において、なおかつ、このような為体《ていたらく》であったとすれば、それ以前に成立した文献に至っては、どれほどの地理概念を持ち合わせていたか「それは想像のほかなし」と言わざるをえまい。

ところがである。『倭人伝』の研究者と称される人々の中には、文献中に記載されている内容や、方角里程について「古代中国の史官が、地理的に雑駁《ざっぱく》であったとは思えない」とし、むきになって反論する方がおられるようだが、もしもそのように信憑性ありとするならば、邪馬台問題一つくらいで、なぜに今日に至るまで、結論に至らずといえども、納得できる史的見解すら出ず仕舞いになっているのか、当方から質問を投げかけたいと思うほどである。

本論の前半において記したことだが、清朝期の地理学者・張鳳台《ちょうほうたい》氏が実地踏査行をして著した『長白征存録《ちょうはくせいぞんろく》』において、「古代中国人は、今日の中国東北地方（旧満洲）方面に関し、まったく軍事地理情勢を把握していなかった」と述べているが、この記述はまさにもって銘すべきではなかろうか。

このような見地から案ずるに、『倭人伝』が記載している内容や方角・里程なども、所詮は編者陳寿《ちんじゅ》の風聞が主体であり、その叙述内容を鵜呑みにすることの危険性は、重々弁《わきま》えねばなるまい。今日では高等教育を受けた者ならだれでも知っている「邪馬台」の問題においてすら、決定的な論証も出ず、曖昧模糊とした解釈や憶測で終始していることが、何よりも雄弁にそのいいかげんさを証明しているといえるのではなかろうか。

しかし、中国の史書古典中の記述そのものが混乱しているとはいえ、それをまったく軽視するというわけではない。やはり古代東アジアや北東アジア史を研究するうえで、欠かすことのできない重要文献であることには相違ない。なぜなら、それらの文献に匹敵する記録は、日本や朝鮮・韓国には存在しないがゆえにである。

要諦《ようてい》は、できる限りの文献記述を検討し、共通の記載伝承を抽出校合し、その中から何程かの真実性を明証させること、これが文献史学者の研究姿勢ではなかろうかと思惟する。

本論はこのような観点に立ち、古代北東アジア史の一ページについて言及考察を付してきた次第であるが、その結果からあえて断を下すならば、旧来、わが国の歴史学者たちによって定着され、かつ語られてきた史説の実態は、残念ながら、ほとんどと言っていいほどに信憑性の薄いものであり、むしろ虚構史観史説と極言せざるをえぬものであった。

であるがゆえに、本論のサブタイトルに『虚構の楼閣』を入れた次第である。

本論において述べ、かつ語ってきた事柄の曲直は、専門の史家や判読される達識の方々の判断に委ね、ここに筆をおくものである。

なお最後に、清朝期の一大碩学・曹詳《そうしょう》氏の名著『文史通義《ぶんしつうぎ》』の中の一文を左に附しておきたい。

「古来より中国が保存する文献中には、想像の域を出でざるもの多く、また、政治的要因と絡み合って、佚失《いっしつ》するもの極めて多しと言わざるを得ない」

中国の古典史書を調べていくうえで、右の一文は極めて重要と受けとめねばならないであろう。

（畢）

あとがき

今日現在において、「東洋史」という場合、それはかなり漠然としたとらえ方であり、また、わが国においては、二十世紀初頭に確立した学問分野で、それほどに古い歴史は持たない。

だが、この「東洋史」という呼称そのものは、世界史・西洋史などに対する一般的なとらえ方・呼び方とみてよいであろう。

ただ、「東洋史」と呼び、かつ言う場合、それは極めて広汎にわたり、全アジア州一帯を引き括《くる》めていうことになるが、著者が本論において述べ、かつ語ってきた事柄は、ごくその一端であり、狭義的範疇からでしかない。その対象は隣邦中国の文献史書から、俯瞰的にとらえた古代北東アジア史のあるページと理解していただきたい。

ここであらためて言うまでもなく、周知の『倭人伝』を輯録《しゅうろく》している文献中、『三国志』『後漢書』などがもっとも著名であるが、その他の異邦異民族伝など、そのほとんどが中国伝存の文献であり、わが国の史書の類ではない。

ゆえに、それらの文献記録を主とし、記述の比較照合によって、事の曲直を考察し本論を構成した次第である。もちろん、著者は官学究に非ず、市井一介の外史にすぎず、ゆえに、論述せる事柄に傍証考察の不備あるを弁《わきま》えている者である。

しかし、かく言う素人研究家の考察結果から判断しても、旧来、わが国史学界の第一人者によって、定説とされ常識論とされてきたところの史説が、じつはまったくの虚構でしかなく、全面的に否定せざるをえぬもの多きに至り、ただ唖然とさせられる結果となった。

だが、あるいは意外とこの相反する結果論が、今日に定着している史説に「喝」を入れるものとなり、古代北東アジア史の見直しを迫るものとなるのではなかろうか。後世に至り、本稿が散佚《さんいつ》せざれば、いずれは具眼達識の見るところとなり、より専門的観点からの考察がなされ、ここに論述せる事柄の真実性が明証されれば、著者は望外の幸事ならんと思う。

平成十六（二〇〇四）年　草稿完了

外史　山形明郷識《しる》す

◉参考文献

史　記　　　　　　　　西漢・司馬遷
　巻二夏本紀第三
　巻四周本紀第四
　巻五十留侯世家第二十五
　巻百十五朝鮮列伝第五十五史記集解
戦国策　　　　　　　　西漢・劉向
　巻六秦四
漢　書　　　　　　　　東漢・班固／娘（班昭）
　巻一上高帝紀第一上
　巻六武帝紀第六
　巻七昭帝紀第七
　巻二十八地理志第八下
　巻九十四上匈奴伝第六十四上
　巻九十五朝鮮伝第六十五
後漢書　　　　　　　　宋・范曄
　巻一下光武帝紀第一下
　巻三十七班超列伝第三十七
　巻八十烏桓鮮卑列伝第八十
　巻八十三東夷列伝第七十五東沃沮伝
　巻八十三東夷列伝第七十五韓伝
　志第二十三群国第五
三国志　　　　　　　　晋・陳寿
　魏書巻二十八母丘倹伝
　魏書巻三十三明帝紀第三
　魏書巻八十八・二公孫陶四張伝
　魏書巻三十烏丸鮮卑東夷伝第三十

魏　書　　北斉・魏収

巻百六上地形志上

巻百列伝第八十八区百済伝

周　書　　唐・令狐徳棻

巻四十九列伝第四十一異域上

梁　書　　唐・姚思廉

巻五十四列伝第四十八諸夷

隋　書　　唐・魏徴

巻三十志二十五地理中

巻六十四列伝第二十九

巻八十一列伝第四十六東夷

南　史　　唐・李延寿

巻七十九列伝第六十九夷貊

北　史　　唐・李延寿

巻九十四列伝第八十二

晋　書　　唐・房玄齢

巻一帝紀第一宣帝紀

巻十四志第四地理上

巻八十二列伝第五十二

巻九十七列伝第六十七・四夷伝

巻百九載記第九巻慕容皝伝

通　典　　唐・杜佑

巻八十五邊防一東夷上

宋　書　　梁・沈約

巻九十七列伝第五十七倭国伝

旧唐書　　後晋・劉昫

巻三十六志第十六天文下

巻三十九志第十九地理二

巻五十三列伝第三李密伝

巻六十一列伝第十一温彦博伝

巻六十三列伝第十三裴矩伝

巻六十七列伝第十七李勣伝

巻百四十九列伝第九十八

巻百七十九上匈奴伝第百四十九上

新唐書　宋・欧陽修
　巻二百二十列伝第百四十五東夷伝
旧五代史　宋・薛居正
　巻百三十八外國列伝第二
遼　史　元・脱脱
　巻十五本紀第十五聖宗六
　巻三十七志第七地理一
　巻三十八志第八地理二
金　史　元・脱脱
　巻三十四志第五地理上
　巻七十三列伝第十一
　巻八十列伝第十八
　巻百三十五列伝第七十三
宋　史　元・脱脱
　巻四百八十七列伝第二百四十六
元　史　明・宋濂
　巻十四世祖本紀十一
　巻五十九志第十一地理二
　巻百三十三列伝第二十
　巻二百八列伝第九十五外夷一
明　史　清・張延玉
　巻三本紀第三太祖三
　巻四十一志第十七地理二
　巻三百二十列伝第二十八外国一
　巻三百二十三列伝第二百十一外国四
清史稿　民国・趙爾巽
　巻五十五・三十地理志二奉天
水経注　北魏・酈道元
　巻十四大遼水・浿水篇
資治通鑑　宋・司馬光／元・胡三省
　巻六十四漢紀五十六
　巻六十五漢紀五十七
　巻百八十一隋紀五
　巻二百二唐紀十八

十八史略　元・曽先之
巻一陳氏梵例
巻二漢光武帝三十七
巻四東晋顕宗八
山海経　晋・郭璞
巻十二海内北経
唐六典　唐・李林甫
尚書戸部巻第三
大明一統志　明・李賢
巻二十五遼東指揮使司
嘉慶重修一統志　清・官修
原十八冊・巻五十七盛京統部
巻五十八興京
原十九冊・巻五十九奉天府一
巻六十奉天府二
原二十二冊・巻六十七吉林一
奉天通志　民国・王樹楠
第一冊・巻一～巻八十六大事志
第二冊・巻五十一～五十八沿革志
巻六十七～八十六山川志
巻八十七～九十六建置志
巻二百四十芸文十八三韓訂謬
三国史記　高麗・金富軾
巻三十五地理志
三国遺事　高麗・一然
高麗史　李朝・鄭麟趾
巻五十八志第十二地理二
日本書紀　日本・舎人親王他
説文解字　東漢・許慎
宗本・冊府元亀　宋・王欽若
康熙字典　清・官修
清會典　清・官修
続十八史略読本　清・葉松石
清代政区沿革綜表　民国・牛平漢

長白征存録　清・張鳳台
鶏林旧聞録　民国・魏聲龢
吉林地誌　民国・魏聲龢
春秋左伝研究　中国・童書業
戦国史　中国・楊寛
契丹史略　中国・張正明
中国歴史地図集　中国・譚其驤
中国古代史　中国・南開大学編纂
漢字古音手冊　中国・北京大学編纂
満族大辞典　中国・遼寧大学編纂
遼寧省行政区分図　中国地図出版
吉林省行政区分図　中国地図出版
中国地名詞典　上海古籍出版
辞　源　商務印書館出版
漢語大辞典　漢語大辞典編輯委員会
大満州国輿地図　武楊社書店出版
中国分省地図　新華書店出版社
満州国輿地図　大日本帝国陸地測量部
欽定満州源流考　清・阿桂等・編
韓国古代国家発達史　韓国・金哲埈
古代史に見る朝鮮観　朝鮮・全浩天
海東諸国紀　朝鮮・申叔舟・編著
大韓疆域考　韓国・丁若鏞・述
　張志淵・増補
塞外民族史研究　日本・白鳥庫吉
朝鮮史研究　日本・白鳥庫吉
民族日本歴史　日本・白柳秀湖
東洋史と時代の人々　国民精神研究会編
　序・日本・中山久四郎
好太王碑探訪記　日本・井上秀雄
　寺田隆信・編
倭・倭人・倭国　日本・井上秀雄
日本古代史の謎　日本・八幡一郎
アジアの征服王朝　日本・愛宕松男

西　域　　　　　　　　日本・羽田明
古代インド　　　　　　日本・佐藤圭四郎
インドと中近東　　　　岩村忍
世界文化史概観　　　　日本・H・G・ウエルズ／訳・長谷部文雄
騎馬民族の出現　　　　米国・フランク・トリペット
明治初期の蝦夷探訪記　イザベラ・L・バード／訳・旧東京帝大文学部――小針孝哉

◉論　評

編集部注・一九九五（平成七）年五月に発表した、『邪馬台国論争　終結宣言』を元にした論評が、ここに載っているものです。本書は、一九九五年版に新たに加筆・補正した版となります。

東北大学名誉教授・井上秀雄先生

「私説と一致する所少なからず、大いに意を強くしている次第です。学ぶ所が多いので再読し貴意の存する所を知りたいと思っております。

ただ、現下では、貴説も拙説も我国の史学界では、なかなか容認されぬ事と存じますが、何がしかの影響を与えている事と思い、今後とも、アジア諸民族と友好親善を深めていく為、より正確な史実を追求していきたいと思っております」（94・10・17）

●

北京大学亜非（アジアアフリカ）研究所教授・劉渤《りゅうぼつ》先生

「山形先生は、古代北東アジア史を解明する上で、避けて通れぬ『古朝鮮』から筆を起こし、その所在詮索がなされていることは、極めて高く評価することができます。

『古代朝鮮』とは、一体どこに存在していたのか。この事に関し明記された著書は、中国をはじめ、朝鮮・韓国及び日本の関係著書中においては、まったく言を濁しており、定かにされておりません。

だが、山形明郷先生は、中国史書古典や歴史地理系の文献記述から、古代朝鮮の所在を追求し、中国東北地方の遼河・太子河以東地区であったことを指摘論証され、しかして、古代北東アジア史解明の検証究明を堅持されておりその強靱な学究精神に、私は敬意を表し、かつ尊敬しております。

今、私の脳裏には、山形先生の論文を中国語に翻訳して、広範な中国の史学者たちに、この内容を紹介し、『古代朝鮮』の所在地の解明が、古代北東アジア史を語る上で、最重要事項であるという問題提起をしたいと思います。先生の意志は如何でしょうか。

私が勇躍このような大切な事を提案いたしますのは、中国と日本国との学術交流のために、いささかなりとも貢献したいと考えたからです。〝著作等身〟。この論文は、著者の身の丈と同じ高さに積み上げた金塊と同等の輝かしい価値を有する論証と言えるでしょう」（94・11・7）

なお、本論は平成七（一九九五）年、中国大使館文化処参事官の手に渡り、「中国はこの論文を重視する」とのお言葉を趙宝智先生よりいただいた経緯があり、さらに新たに改定した原稿は、平成十七（二〇〇五）年八月五日、中国政府に送達し、「中・韓 熱い高句麗論争」が起こった経緯がある。

● 韓国国民大学校学長・李鐘恒《イチョンハン》先生

「私も『倭・倭国』が古代日本、あるいは『大和朝廷』とする見解には疑いを抱いており、『倭』とは、韓半島の大部分を占める在地現住勢力であり、その数は極めて厖大なものであったことが判明しています。私の所論について、山形先生が同調してくれたことは、非常に嬉しくもあり、また、心強く感じております。

だが、未だこのような歴史解釈は、韓国史学界では一部の少数の学者の見解で、浸透するには時間がかかるでしょう。また、『倭・倭奴国・倭人』などについても、この観点から出発せねばならないと考えております」（98・10・18）

● 吉林大学教授・林昌培先生

「それにしても、貴下はよくぞ独学でここまで掘り下げられましたね。漢籍をこんなに厖大な量を読んでいる中国人はいないのではないか。内容は申し分ない。ほとんどその通りでありましょう。

ただ、現下では、多分に政治問題が絡みますから、すべてを容認するということは難しい嫌いがありますが、それにしても御立派な論証であります。貴下が漢籍学者とし、大変な歴史探究に篤志的努力をなされたことを高く評価します。このことは、日本史だけでなく、東洋史研究全般に一席を占めるものと思います。中・韓間の高句麗論争は、これから本格的に始まるものと存じます。また、日本の学者の見解に深い意義を与えるものと信じて疑いません」

なお、追伸とし、左のごとくおっしゃっておられました。

「旧来一般的に語られている、『鶏林都督府』及び『鶏林州』とは、現在の韓国慶尚道慶州の地ではなく、今日の吉林省吉林市に置かれていた事実が、学術調査の結果で判明しています。

また、大唐帝国は、現在の鴨緑江を越え韓半島深く進行していなかったことも判明しております。さらにまた、ピョンヤン北郊にある『箕子朝鮮』の箕子の墓と言われるものも、考古学術調査の結果、遙か後世に偽造されたものであることが判明しております」(04・2・29)

林昌培先生は、中国・朝鮮族に関する歴史学界の権威であり、数多くの著書を刊行しており、また、朝鮮戦争の時、第七義勇軍の分隊を指揮しておられた方であり、戦後は歴史学者として、広く旧満州の遺跡調査に専念され、小生の論文を基に、「三韓・三国」の遺跡を調査され、その結果、小生の論文の正当性を諾として認めてくれた方であります。

平成十八(二〇〇六)年に入り、歴史談義をすべく来日する予定でありましたが、同年二月、惜しむべきかな他界され、小生にとっては巨星墜つの感であり、心から先生の御魂に深く御冥福の念を捧げるのであります。　　合掌

●

小生の拙論に対し、諸先生諸先輩方から、高い視野に立って、より俯瞰的な論評を賜ったことは、在野一介無名の学究とし、誠に身に余る光栄であり、また、本論構成上、漢籍の一部困難な句読法について、中華人民共和国国務院特別歴史専門学者・夏応元先生の御教示を仰いだことと相まって、ここに記して万謝の意を表す次第であります。

外史　山形明郷　頓首

◉師・山形明郷――〝在野〟の史学研究者による変革

信じ難いことに、戦前のわが国考古学界では、〝日本に「旧石器時代」は無かった〟という定説が常識とされ固定化し、これに逆らい異を唱え、「旧石器時代」を云々することは、学界から実質的に追放されることを意味し、まさに〝タブー〟であった。

この〝タブー〟を打破したのは、プロの学者たちではなかった。群馬県の「岩宿遺跡」から「旧石器」を発見して、わが国に「旧石器時代」が存在したことを証明し、歴史教科書を書き換えさせたのは、民間無名のアマチュア考古学研究者、故・相沢忠洋氏であった。

同じく〝在野〟で、「比較文献史」研究家の山形明郷先生の使命は、本来ならば、この相沢氏に数十倍ほど勝る「変革の破壊力」を発揮し、いまだに皇国史観の残滓歴史観から脱却でき得ていないわが国古代歴史学界に、果敢に強烈な鉄槌を下し大攻勢をかけ、旧来の誤った虚構史観を粉砕し、正しき歴史像を新たに再構築させることにあったはずであった。

これからという時期に病魔に襲われ、しかも、いきなり余命三カ月の診断結果で為す術もなく、平成二十一（二〇〇九）年四月二十日にみまかわれ、まことに遺憾なことであり悲しく涙を禁じ得ない。

かつて平成四（一九九二）年、山形先生は、以下の文章を『軌跡――私の歩んだ道』として毎日新聞に書かれたことがあった。

〈私の古武道の師であった故黒田鉄心斎先生に耳にタコが出来るほどにいわれた言葉があった。曰く「物学びは、死狂いと知れ」である。三十歳前後の頃、この言葉は、私にとっては〝馬耳東風〟的存在でしかなかった。しかし、顧みると、歴史の興趣に憑かれ、かつ真実の探求に没頭し、大量の中国史書類を収集し、長歳月をかけ、ある真実を把握し終えてみると、その間における私の生き様の内には、「死狂い」にまでは至らなかったが、どうやら「物狂い」的であったことは確かであった。

この「死狂い」といい、「物狂い」といい、両者には共通項が一つある。即ち「世人一般の身過ぎ世過ぎはお構いなし、余事は顧みない」という点で一致する。但し、敢えてそうせざるを得なくなる理由がある。中国「正史」二十四史と清史稿四十八冊五百二十九巻を含め、総数二百八十九冊三千六百六十八巻に加え、これらの注釈本や地理系の文献など、収集した大量の中国の原書を机辺に置き対座してみると、なるほど、これは生半可な姿勢で臨めることではなく、余事・片手間に取り組めるものではないと、臍《ほぞ》を固めざるを得なくなった。当然の報いとして、貧乏を友とするドン底に居座っての研究となり、私を取り巻く周辺からの誹謗ののしりの声は大きく、

かけた犠牲は更に大であった〉

このような中から、先生の突きとめた史実とは何であったのか。

それは、江戸時代になされた儒学者による古代「日本史」考察に重大な欠陥が存在したことを、日本で初めて指摘し、これを補い是正したことにあると思う。

古朝鮮に始まる古代「北東アジア史」の観点から古代「日本史」を徹底的に解明するのではなく、日本列島内の歴史に拘泥しすぎ、いわば「木を見て森を見失う」ような狭隘《きょうあい》な史観に終始している従来の定説を、全面的に根底から否定し、正しき歴史像を構築されたのである。

常々、山形先生は、「一犬虚《いっけんきょ》に吠《ほ》えれば、萬犬実《ばんけんじつ》に傳《つた》う」という譬《たと》えを引用されておられた。吠えるのが「権威とか著名人」等であると、大衆に与える影響は軽視することは出来ず極めて甚大になってしまうと、誤った従来の定説構築者に対し、四十年以上、たゆまず警鐘を鳴らし続け懸念されていた。

平成七（一九九五）年、前著作の出版に際し、事前に仲介者から「中国大使館」にその著作が届けられ、あらかじめ目を通して戴き、結果、表敬訪問を許され、山形先生と仲介者の三人で、大使館の担当館員と面談したことがあった。

その際、「この著書の著述内容を『日本国政府』はご存じなのでしょうか?」と担当館員から極めて重大な質問をされている。

その後、この著作と原稿コピーとが、外交ルートに乗り、中国・北京大学に届けられ、「この著作を中国語に翻訳して、中国の『歴史学者』たちに読ませたい」という驚くべき論評を戴いている。

これだけの評価にもかかわらず、先生は、別に何事もなかったかのように、とくに普段と変わらぬ様子でおられ、おおいに恐れ入ったことが彷彿と思い起こされる。

それから十年、先生の研究と執念は途絶えを知らず、改訂・補筆を日々重ねられ本稿に至る。

最後に、現在、中国・韓国において、日本人として前人未到の大活躍中の、山形史観後継者・上海鉄道大学教授（環境・健康研究所）飯山一郎氏の当著作への論評を左に掲載す。

「山形先生のご遺稿、熟読しています。ずいぶん読みやすくなって驚いています。

これは売れる！　とおもいます。それにしても山形先生の論文の売れるのが、先生の没後とは！　残念でなりません！　しかし、偉大な人間ほど死後に評価が高まる……これは歴史と人生の皮肉ですから、あきらめるほかありません。合掌」

平成二十二（二〇一〇）年四月二十日

北東アジア市民の会 事務局　坂口孝男

◉本書を読むための年表

世紀		年代（西暦）	本書が扱う出来事	日本・中国・朝鮮
紀元前17世紀	殷			殷建国
BC11世紀	周	1000年代初頭	殷滅亡、箕子（子胥余）、箕子朝鮮を興す	
BC8世紀	春秋			春秋の五覇
BC5世紀	戦国	300年代初頭	燕、東胡・山戎（朝鮮）を伐ち、遼寧東部を治める	戦国の七雄
BC3世紀	秦			221 始皇帝、中国を統一 202 劉邦、漢を建国
BC2世紀	漢	195	燕王盧綰、匈奴へ亡命 衛満、衛氏朝鮮を興す	179 高句麗・故国川王即位（～前197年）
		128	東夷薉君南閭等が二十八万の民を率い漢に従属する	
		109	武帝、海陸両路より兵を発し、朝鮮征服に乗り出す	
		108	衛氏朝鮮滅亡。武帝、その地に四郡（真番・臨屯・楽浪・玄菟）を設置する	
BC1世紀		82	臨屯郡・真番郡廃止 臨屯郡轄県、嶺東七県は楽浪郡に併合される	57 新羅（辰韓）建国？ 37 高句麗建国？
紀元後1世紀	新	37	高句麗、楽浪郡を滅ぼす	18 百済（馬韓）建国？ 57 奴国王、漢へ遣使
2世紀	東漢	178	鮮卑族、倭へ侵攻	倭国大乱
3世紀	三国時代	207	公孫度、帯方郡を設置する	
		239	魏の司馬懿仲達、遼東平定に乗り出し、帯方郡を支配 卑弥呼、魏へ遣使	
		240年代	魏将・毌丘倹、高句麗に侵攻、破る	
	西晋	266	壱与、西晋に遣使	
	前趙	313	楽浪郡、高句麗に併合される	304 五胡十六国時代がはじまる
	後趙			343 高句麗、国内城に遷都

※西暦で記載。作成は編集部。

世紀	王朝		
4世紀	前奏、後燕	300年代末 高句麗、故国原王、百済・近肖古王の攻略に遭い大同江流域一帯地区は百済の占領下に入る 395 帯方郡が百済の台頭とともに吸収併合される	360 大和朝廷、百済の要請を受けて朝鮮半島へ出兵 391 高句麗・広開土王、百済・倭と闘う 百済から七支刀が来る？
5世紀	北燕、北魏	427 高句麗・長寿王、百済から王険城を奪還し、平壌城として遷都 471 百済・蓋鹵王、北魏・孝文帝に救援要請 上奏文の中に「臣が西の界は小石山なり」と訴えている	414 広開土王碑建立 424 高句麗、新羅と修好 429 百済、宋に遣使 435 高句麗、北魏に遣使 475 百済、高句麗に敗れ、熊津へ遷都 478 倭、宋・順帝に高句麗の侵略行為を訴える
6世紀	西魏、東魏、北周、北斉	532 新羅、金官伽耶を併合または558年） 562 新羅、大伽耶国を併合	521 百済、梁に遣使 527 磐井の乱 538 百済、泗沘へ遷都 572 高句麗、北斉に遣使 594 新羅、隋帝より「上開府楽浪郡新羅王」の号を賜る
7世紀	隋、唐	611 隋・煬帝、高句麗征討を実施するも失敗（～614年） 664 唐の郭務悰、来日	630 第一次遣唐使派遣 645 乙巳の変 660 百済滅亡 663 白村江の戦い 665 第五次遣唐使派遣 668 高句麗滅亡 天智天皇即位 670 国号を「日本」とする
…		…	
19世紀以後	清、中華民国	1875 満洲・朝鮮方面の地理軍事情勢調査開始（大日本帝国陸軍参謀本部） 1884 酒匂影信、『双鉤加墨本』入手 1894 東学党の乱、日清戦争（～1895年） 1910 日韓併合 1916 木槨古墳、塼槨古墳調査（朝鮮総督府古跡調査団） 1924 楽浪古墳調査（第二回学術調査） 1925 木槨古墳調査（旧東京帝国大学）	

山形明郷◉やまがた・あきさと
一九三六（昭和十一）年、栃木県宇都宮市生まれ。比較文献史家（古代北東アジア史）。中国の史書古典を原書・原典で渉猟すること一路、四十余年。ついに未到の史観の確立に至る。古代日本史は根本的な修正を余儀なくされ、韓国・中国にも影響は大きく及ぼう。本書は『邪馬台国論争・終結宣言』（一九九五年）の最終改訂版である。二〇〇九年没。

卑弥呼の正体

二〇一〇年　六月　二日　初版発行

著　者　山形明郷
発行者　星山佳須也
発行所　株式会社三五館《さんごかん》
東京都新宿区坂町21　〒160-0002
電　話　03-3226-0035
FAX　03-3226-0170
http://www.sangokan.com/
郵便振替　00120-6-756857

印刷・製本　株式会社シナノ

ISBN 978-4-88320-501-1